D0973040

PRESS

C. A. PRESS

BUSCANDO MI ESTRELLA

Maruchi Mendez es poeta y escritora *freelancer* que vive en Miami, Florida con su familia. Nacida en La Habana, Cuba, llegó a los Estados Unidos con sus padres y hermanas a los doce años de edad. Creció, estudió y se casó en Miami, donde también nacieron tres de sus hijos, y aun residen.

Después de la muerte súbita cardiaca de su hijo menor quien nació en España, ella ha encabezado varios intentos de pasar la ley que impone pruebas cardiacas mandatarias como parte de los exámenes médicos rutinarios, a los atletas escolares y universitarios.

Maruchi es co-fundadora de *JunTos Foundation*, una organización sin fines de lucro que contribuye a investigaciones médicas y también ayuda a pacientes jóvenes y sus familias con las múltiples necesidades que atraviesan después de ser diagnosticados con una enfermedad terminal.

En este libro, Maruchi empieza escribiendo una carta a su hijo estrella que se le fue muy pronto, y le dice todo lo que no pudo, revelándole el gran secreto de su adopción. *Buscando mi estrella* explora la controversia del sistema quebrado que no protege a los atletas, y ha tenido gran aceptación entre los jóvenes, sus familias y las entidades deportivas de la nación con su llamada a acción.

BUSCANDO MI ESTRELLA

*Una memoria del amor perpetuo de
una madre y un secreto sin contar*

Maruchi Mendez

C.A. PRESS
PENGUIN GROUP (USA)

C. A. PRESS

Published by the Penguin Group
Penguin Group (USA) Inc., 375 Hudson Street,
New York, New York 10014, USA

USA | Canada | UK | Ireland | Australia | New Zealand | India | South Africa | China
Penguin Books Ltd, Registered Offices: 80 Strand, London WC2R 0RL, England
For more information about the Penguin Group visit penguin.com

First published by C. A. Press, a member of Penguin Group (USA) Inc., 2013

ISBN 978-0-14-750937-6

Printed in the United States of America
10 9 8 7 6 5 4 3 2 1

Penguin is committed to publishing works of quality and integrity. In that spirit, we
are proud to offer this book to our readers; however, the story, the experiences, and
the words are the author's alone.

ALWAYS LEARNING   PEARSON

A mi Príncipe.

*Y a todas las madres del mundo que han perdido
sus Príncipes y Princesas.*

Y a Patty y Angie, que son la música en mi corazón.

CONTENIDO

Contenido

AGRADECIMIENTOS

Mi más profundo agradecimiento por todo el amor y apoyo que me han dado mi familia y amigos durante todos estos años tan difíciles; y a todos los que compartieron un lugar en la vida de Toti para hacerla mejor, especialmente sus entrenadores, compañeros de equipo y amigos.

La travesía en estas páginas ha sido larga y dolorosa; pero he tenido ángeles acompañándome a lo largo del camino...

GRACIAS a Gladys y Omer por darme el empuje para empezar; Mitch por tus sabias palabras; Alfredo por tus esfuerzos; Leonard por tu ayuda y entusiasmo; Liz por tu talento y contribución; Josh y Matt por crear un libro tan hermoso; Carlos por tu generosidad y dedicación.

Pero sobre todo, quiero agradecer a Ray por valorar la historia de Toti, creer que debía de ser contada, y por llevarme de la mano y no dejarme ir hasta que se hiciera realidad.

BUSCANDO
MI
ESTRELLA

—

uno

EL DÍA QUE TE FUISTE

Te veo en cámara lenta. Levantas la pierna para comenzar el lanzamiento. Levantas la rodilla hasta el pecho, casi hasta la barbilla, como siempre haces. En el calor agobiante de la Florida, agarras la pelota por última vez, y en un glorioso destello, la lanzas. He estudiado tus movimientos, las secuencias disciplinadas de tus años de béisbol, tus brazos ya crecidos y definidos, como los de un hombre, el radiante número 23 de tu uniforme, el brillo de la intensidad de tus ojos y tus tan merecidas victorias. Podría mirarte por siempre. Levanta la rodilla, Toti. Sereno. Apunta. Lanza.

Repito la escena, en cámara lenta. Es dolorosamente hermoso mirarte. Quiero acercarme y detenerte ahí mismo, en el instante preciso cuando la pelota despega de tu mano. Y quiero poner esa película una y otra vez, pero no puedo detener la secuencia borrosa de eventos.

Caes al suelo. Estás muy lejos de mí. Corro toda una eternidad pidiendo ayuda a gritos. Los paramédicos te suben a la ambulancia. Por la ventana pasan árboles conocidos a toda velocidad. Palmas, pinos, flamboyanes vestidos de color naranja. Solías tocar sus ramas cuando paseábamos por las tardes. Ya no los ves, pero se han vestido de gala con sus más bellos colores, sólo para ti... para tu despedida, hijo.

Vuelvo una y otra vez a ese momento justo antes de que ejecutes tu último lanzamiento. Te veo en cámara lenta, pero no puedo detenerte.

¿Cómo puede ser? Cumpliste tus veinte hace apenas cuatro meses. Nunca viste el estadio de los Yankees. El auto nuevo que te compré para tu cumpleaños, tu Infiniti G20 Sport del 2000 todavía huele a nuevo. Lleva esos aros de ensueño para los que tanto ahorraste. Estabas tan loco por tenerlos que le pagaste un depósito de $300 al hombre del taller para que te los guardara por varias semanas. Entraste como bólido a la cocina con una fotocopia de ellos.

¿Verdad que están lindísimos, mami?

Te juro que jamás entendí para qué gastar tanto dinero en un auto que ya venía completamente equipado de fábrica. Tendrías tus razones.

"Deja que lo veas con sus zapatos nuevos," me aseguraste.

Eso fue hace cinco días.

Ahora deslizo mis dedos por las agarraderas de cromo de tu ataúd gris perlado. Limpio mis huellas con mi pañuelo para hacerlas brillar de nuevo. En la mano, llevo una rosa amarilla, ya marchita. Sus espinas se clavan en mis dedos, pero estoy muy entumecida para sentirlas.

Tu gorra de Florida International University está a tu lado. Llevas tu uniforme preferido de rayas finas, tus nuevos zapatos – tus *cleats*, el anillo del Campeonato Nacional en tu mano izquierda, el anillo del Campeonato Estatal en el meñique de la derecha, y esa misma mano agarra la pelota del juego que les ganó ese campeonato.

Puedo escuchar al Padre Víctor, nuestro primo, murmurar una plegaria. Entonces llegan tus amigos, con sus elogios y sus recuerdos de ti. Tu equipo entero de béisbol está aquí. Compañeros, entrenadores, miembros de la organización, todos se agrupan a tu alrededor.

Afuera, el cielo de Miami está despejado en este hermoso martes. En tu tumba, una manada de globos descontrolados baten en el viento. El ruido del revoloteo casi ahogan las alabanzas. Y cuando cortamos el cordón para dejarlos flotar, pintaron el cielo con vetas de azul y amarillo, los colores de tu equipo, y se mecían al ritmo de la letra de *Smile for Me Now* de Tupac Shakur.

> *There's gonna be some stuff that your gonna see*
> *That's gonna make it hard to smile in the future*
> *But whatever you see, through all the rain and pain*
> *You gotta keep a sense of humor and be able to smile*
> * through all this*
> *Here's a message to the newborns*
> *Waiting to breathe:*
> *If you believe*
> *You can achieve.*
> *Just Look at Me…*

> (Habrá algunas cosas que verás
> Que se te hará difícil sonreír en el futuro
> Pero aunque veas eso, a través de la lluvia y el dolor
> Tienes que mantener tu sentido de humor y sonreír
>   ante toda la adversidad

He aquí un mensaje para los recién nacidos
Que esperan respirar
Si crees
Puedes lograr
Sólo mira mi ejemplo…)

Sigo el vuelo de los globos y te busco en las nubes. Es el cuarto día de abril del 2000, el comienzo de la primavera. Un día perfecto para el béisbol. El tipo de día en que los momentos sin prisa se conectan en la precisa e inigualable cadencia del juego. En el estadio, a veces el tiempo parece detenerse. Pero engaña. En días así, pensaba que aún me quedaban años para revelarte el secreto.

Sin embargo, sólo he pasado noches sin sueño, repletas de culpabilidad, deseando tener un solo instante más de primavera para contarte mi historia – nuestra historia. Fui muy tonta en no decírtelo. Quería resguardarte del dolor, y protegerme yo también. No quería que dejaras de quererme. Esperaba el momento perfecto, cuando estuvieras un poco mayor. ¿Cómo adivinar que se me acabaría el tiempo? Este secreto, nuestra hermosa y complicada historia, ha estado ardiendo en mi corazón desde el día que naciste. Y te escribo esta carta porque ya no puedo contenerlo.

Ramiro Eduardo Méndez, mi queridísimo Toti, ésta es la historia de cómo llegaste a este mundo.

dos

—

¿POR QUÉ TÚ?

Tu padre y yo nos enamoramos en Miami, al instante. Nos conocimos en una fiesta de oficina y nos casamos tres meses después. Más que amor a primera vista, lo que nos unió fue algo poderoso y muy familiar. Éramos niños de corazón. Claro, ante el mundo éramos divorciados, con una saludable dosis de experiencia de vida entre ambos. Pero cuando miré a los ojos de Ramiro Méndez, no vi un hombre que había estado casado. Vi un alma fantástica que quería revivir su niñez una y otra vez. Al igual que yo, había sido un niño mimado de la Habana de los 1950, rodeado de juguetes nuevos, finas ropas y tatas devotas. Nuestra niñez privilegiada fue abruptamente detenida por la violencia de una revolución y la ruda realidad del exilio. Nuestras vidas, nuestras familias, nuestras casas y posesiones fueron arrasadas por los rebeldes comunistas de Fidel Castro.

Salí de Cuba a los doce años y en el transcurso de noventa millas, envejecí veinte. Crecí tan rápido que al principio no me daba cuenta. Me casé con mi primer esposo, Amado Cabrera, a los diecisiete. Ya cuando tenía veintidós, teníamos tres hijos. En algún punto en ese recorrido, nuestra vasta diferencia en edad, entre muchas otras diferencias, nos alcanzó, y cada cual tomó su camino.

Así que cuando conocí a tu padre, reviví una parte vibrante y olvidada de mi vida. Éramos niños de La Habana otra vez. Pero lo que más me gustaba de él era que no sólo me quería a mí; adoraba a mis hijos. Era tan generoso con Luis, Alex y Patti, que parecían ser suyos. Nos inundaba de regalos, de manera extravagante.

Sus giras de compras se hicieron tan famosas que inspiraron su nuevo apodo: Santa Claus 24-7. A decir la verdad, me fascinaba ver su cara de pura felicidad cuando traía un nuevo regalo o aparato a la casa. Y aún cuando resultaba demasiado caro, yo pagaba las cuentas con gusto sólo por verlo sonreír.

Pero yo sabía que a pesar de lo mucho que él amaba a mis hijos, llevaba un vacío que trataba de llenar con cosas materiales. Yo podía celebrar sus regalos, y hacer caso omiso a sus gastos impulsivos, pero sabía que él necesitaba algo más. Necesitaba sentirse completo; un sentido que no le podía brindar ningún juguete o artefacto. Necesitaba el amor de un hijo que fuera suyo de verdad. Como persona transformada por la maternidad, lo presentía en mi corazón. Y aunque ya era la madre de tres magníficos niños, quería demasiado a Ramiro para no darle su mejor regalo, un bebé, un hijo que pudiera mimar y amar toda la vida. Y así sería.

Sólo el pensar en ti nos acercaba más que nunca. Sentíamos crecer entre los dos un enorme lazo de unión mientras aguardábamos tu llegada.

Unos meses antes de que nacieras, Ramiro y yo viajamos a

España. Sentía una mezcla entre la emoción y las náuseas, como toda embarazada. Recuerdo bien una de las primeras comidas en Madrid, un almuerzo en el Mesón Sixto, y la recuerdo por razones que no tenían nada que ver con sus extravagantes platos. ¡Los camarones en mi plato tenían ojos! Sí, *ojos*. Parecía que estaban a punto de saltar de la mesa. Me encontraba ahí, en la tierra de mis hidalgos antepasados, una nación de delicias culinarias, aterrada ante un plato de camarones. Era la primera vez en mi vida que veía esas criaturas con ojos, y me estaban mirando. Así que hice lo que haría cualquier mujer valiente de sangre española cuando se ve ante un extranjero que le echa una mirada –les devolví la mirada. Mi estómago, sin embargo, no fue tan valiente. Tenía muchas náuseas para comer. Presentía que íbamos a experimentar un shock cultural a la madrileña. Y así fue. Tomemos el concepto del tiempo, por ejemplo. Aprendimos que el tiempo en España es elástico, las cenas no se apresuran, las horas se saborean lentamente, como se añeja un buen Rioja. De noche, nadie andaba con prisa para comer o acostarse a dormir. Nadie estaba ansioso por que se acabara el día. Como testimonio de su modo de vida, el sol brillaba felizmente hasta las 10:00 p.m., y a esa hora los restaurantes despertaban del largo descanso de la tarde para comenzar a servir la cena.

Era el verano de 1979. Las tiendas y restaurantes a lo largo de La Gran Vía, el gran boulevard de Madrid, estaban repletos de gente. Encontramos un hotel muy placentero llamado Liabeny, con habitaciones con aire acondicionado y baño privado; un lujo en el Madrid de los 1970, pero una necesidad para tu padre y para mí.

Mientras paseábamos por las plazas rodeadas de árboles que hay por toda Madrid, veíamos las familias pasar. Recuerdo haberle echado una mirada a tu padre mientras observaba fijamente a los bebés españoles en esos preciosos coches europeos. Una noche nos quedamos en una hermosa plaza esperando que abriera nuestro restaurante para cenar. Fue una noche mágica, una que quedó marcada en la bóveda de mis más preciadas memorias. Aún recuerdo el perfume de los olivos en el aire cálido. Al caminar por la plaza me percaté que se podía arrancar la pequeña fruta de los árboles. Recogí unos olivos y los eché al fondo de mi cartera. Eran más suaves y pequeñas de lo que imaginaba una aceituna recién cosechada. Nos sentamos en una de las pequeñas mesas que bordean la plaza. Tu padre prendió un tabaco y yo miraba el humo haciendo rizos hasta su frente y luego vagaba a lo lejos. Cómo me encantaba el aroma del tabaco, calmante e inspirador. Soñábamos en alta voz cómo sería la vida contigo. Platicábamos y reíamos, e inventábamos nombres de bebé. Si era niño, se llamaría Ramiro, claro está. Tu padre no aceptaría otro.

Finalmente, el restaurante al cruzar la calle daba señales de vida. Los meseros comenzaban a vestir las mesas de las terrazas con sus relucientes manteles blancos y sabíamos que se preparaban a recibir los comensales.

"Debemos entrar ahora," le dije a tu padre.

Tomó mi mano entre las suyas y me miró a los ojos. Se puso serio.

"Gracias," me susurró.

Salimos de Madrid y nos aventuramos hacia el Principado de Asturias, al norte de España. En los días subsiguientes, pasamos pueblos a lo largo de laderas campestres y llanuras con vistas espectaculares de los Picos de Europa en los Montes Cantábricos. Algunas de las aldeas se veían tan inclinadas, que parecían estar sujetándose por un hilo de las colinas. Las carreteras de curvas, bordeaban las montañas, mientras pasábamos vacas y cabras, ríos y lagos, y hórreos de madera y piedra, esas pintorescas estructuras donde duermen los animales en las noches frías de invierno. Me detuve a comprarte una pequeña réplica de un *hórreo*. Es la misma que siempre tenías al lado de tu cama.

Tropezamos con un pueblo donde se producía la Sidra, y aprendimos que a los españoles les gusta tomar la sidra al sol, mientras hace espuma. Hicimos una gira por las calles de adoquines en Cangas de Onis, la primera capital de España. Nos paramos debajo del Puente Romano para mirar a los niños bañarse en el río.

Hicimos un peregrinaje especial hacia las montañas, rumbo a Covadonga para visitar el santuario de la Virgen María, la venerada Santina de Asturias. Se dice que se le apareció al legendario guerrero Pelayo, que venció a los invasores moros. Fue una extraña victoria local contra los moros, aunque Pelayo quedó seriamente herido en la batalla. Se retiró a la montaña donde ahora se encuentra la Catedral de Covadonga. Ensangrentado y exhausto, se refugió en una cueva. Y fue ahí donde se le apareció la Virgen María.

Tu padre y yo subimos la larga escalera de piedra que lleva hasta el santuario. Una llovizna hacia que los escalones resbalaran, pero eso no nos detuvo. Luego de un largo ascenso, finalmente llegamos a la diminuta Virgen de Covadonga. La Santina era hermosa, y sus ojos tan dulces parecían sonreírme. Sentí que el aire se calentaba y no soplaba, y entonces me percaté que el calor venía de los cientos de velas que habían sido prendidas en oración por aquellos que necesitaban los favores y la protección de la Virgen. Tantas velas, tantos sueños, tantas plegarias. ¡Cuánta esperanza! Nos arrodillamos a rezar y le pedí a la Virgen su bendición. Recé para que nacieras saludable. Le prometí que regresaría contigo en mis brazos, como muestra de gratitud. Mis rezos silentes se envolvían en los olores de la cera derretida y en los cánticos hipnóticos de los fieles a mí alrededor. El tiempo se detiene cuando uno reza. La mente se calla. La pura repetición de tantas rogativas despeja el pensamiento. Ese día, recé por mis hijos. A pesar de la grandiosidad de España, Luis, Alex y Patti me hacían falta. Los extrañaba mucho, y sobre todo en las noches. Pero también recé por tu padre y por mí, para que pudiéramos permanecer tan unidos y amorosos como ese día.

Me fui de la Sagrada gruta, pero su luz de paz me acompañó durante todo el viaje. Fue un viaje que transformó mi vida de maneras que aún no podía empezar a imaginarme. Sólo sé que en ese paseo por Asturias visité una de las ciudades más magníficas que jamás había visto –Oviedo. La real capital de Asturias está sumida en un valle rodeado de montañas. Me enamoré la primera vez que la vi. Pasamos la Catedral de San Salvador con sus agujas góticas. Contemplamos las ruinas románicas de la ciudad, que no parecían ruinas en lo absoluto, porque estaban tan impecables como las calles de la ciudad. ¡Y nuestro hotel! El Hotel de la Reconquista era un gran palacio del siglo XVII que parecía extender sus brazos en perpetua bienvenida. Nos recibieron mozos con guantes blancos y capas largas, bajo una elaborada escultura barroca del escudo de España. Había llegado a mi castillo. Disfruté el festín visual: cascadas de flores con bellos colores, se desbordaban de los balcones. Sobre el pórtico, noté siete arcos semicirculares, separados por unas columnas de piedra y mármol. Coloridos tapetes antiguos colgaban de los muros del recibidor cerca de un patio al aire libre, donde estaba expuesto un busto de bronce de la Reina Isabel Segunda, quien fuera huésped del hotel en una ocasión. La fragancia de las rosas floreciendo en tiestos que bordeaban el patio me transportaba a otra era, y dejé correr la imaginación. Me sentía como en mi casa. Desde el instante que llegué a Oviedo me sentía extrañamente nostálgica. Trataba de identificar el sentimiento, pero me eludían las palabras. ¿Habría estado ahí antes?

Tu padre y yo desempacamos y salimos a caminar. Lo hicimos con sentido de urgencia, tal se hace en un museo cuando sólo quedan minutos por cerrar. Quería encontrar el parque frondoso que vimos desde el auto, el Parque San Francisco en la avenida Uría. Tenía una fuente gloriosa y enormes árboles cipreses. Nos paseamos entre familias, bicicletas, señores mayores con sus boinas y coches de bebé que acurrucaban robustos niños – bellos bebés con caras de querubines que insinuaban descendencia celta o vasca. Quería apretar y acurrucar cada uno de ellos y disfrutar su olor a inocencia. Veía en ellos la esencia de Oviedo, lo antiguo y lo naciente en forma de ángeles.

La mañana siguiente amaneció en gris y nublada. Como de costumbre en Oviedo, llovía. Mientras explorábamos la ciudad en taxi, pasamos por un hotel que me llamó la atención: Ramiro I. Tu padre bromeaba conmigo diciendo que lo habían nombrado en su honor. Nuestro conductor nos contó la historia. Nos dijo que en el Principado de Asturias hubo dos reyes llamados Ramiro. Tu padre y yo nos miramos sorprendidos: ¿Dos reyes llamados Ramiro? Lo tomamos como una señal de los cielos. Si teníamos un niño, se llamaría Ramiro, nuestro Príncipe.

Momentos después, el conductor viró por una calle estrecha de muchas curvas llamada Avenida del Cristo. La lluvia había parado, que también es típico de Oviedo, donde la lluvia y el sol se turnan como niños que esperan deslizarse por una canal. A medida que la carretera subía hacia la montaña, podíamos ver el valle abajo; un brillante mosaico de verdes y flores bañados de sol. Viramos una curva a ciegas muy inclinadas que reveló una casa blanca, enmarcada en una unas enredaderas de rosa. Había cientos de ellas, las rosas más hermosas que jamás había visto. Contemplé la escena en total asombro: la casa de las rosas colgada entre el cielo y el valle. Desde esta distancia observé a Oviedo, un lugar donde me sentía tan cerca del Cielo. Sabía que aquí era donde ibas a nacer.

Meses más tarde, otro taxi nos llevó a tu padre y a mí a la clínica de maternidad. Entre lágrimas de alegría, observé a la enfermera ponerte en los brazos de tu padre. Tú lo mirabas con tus grandes ojos azules.

Tu padre, transformado, susurraba palabras tiernas y te acariciaba con dulzura. Jamás olvidaré cómo lo mirabas, maravillado. Tu pelo era carmelita – rojizo y tus ojos color del océano. Tus oídos eran pequeños, tus manos grandes, y tenías un aire de alma vieja. Era el 3 de noviembre de 1979.

Cuando te acurruqué en mis brazos, me agarraste el dedo, me miraste y me robaste el corazón. En ese momento de silencio, podía sentir el latido de tu corazón. Afuera, Oviedo te esperaba en colorido resplandor. Me acerqué a ti y olí tu aroma de bebé.

"Vámonos a casa, Ramiro," te murmuré. "Tus hermanos y tu hermana te están esperando."

tres

———

CAMINO A CASA

La tripulación del vuelo de Iberia de España estaba maravi-
llada con su pasajero estrella, el bebé feliz acurrucado a mi
lado. No escucharon ni un gemido de ti durante el largo viaje
al otro lado del Atlántico. En la luz baja de la cabina, parecías
estar intrigado con la pantalla de la película que se proyectaba
al frente. Años más tarde, tu padre y yo bromeábamos que tal
vez fue ahí donde desarrollaste tu pasión por las películas.
Después de todo, a los dos añitos y medio, pudiste apreciar la
presentación entera de *Gandhi*. Había algo en ti que te distin-
guía de tantos otros niños, algo que no reconocería hasta muchos años después. Llegaste a este mundo tranquilo y
enfocado, disciplinado y paciente. Desde que naciste, no fuiste
sólo mi hijo, sino también mi maestro.

Tu padre sonrío durante todo el vuelo hasta Miami. Casi no
podía contener su felicidad y orgullo. Me daba miradas pro-
fundas y tiernas, y me abrazaba para acercarme a él, como en
muestra de gratitud. Hablábamos calladamente de todas las
cosas que queríamos para ti. Queríamos que fueras feliz y salu-

dable, siempre rodeado del amor de nuestra familia. Queríamos protegerte del mal. Queríamos que nada quebrara el hechizo de ese momento. Ser padre es algo monumental. Puedes afectar la vida de un niño de un millón de maneras. Decides su nombre, su ciudad de nacimiento, y a veces hasta su signo zodiacal. Puedes enviarlo a escuela pública o privada, alentarlo hacia los deportes o las artes, enseñarle modales y disciplina, influenciar su fe. Quieres controlar las cosas que puedes controlar porque sabes que hay tantas otras cosas que no podrás.

Fue entonces cuando tu padre y yo hicimos una solemne promesa, una que definiría todas nuestras vidas, una que pensamos sería en tu mejor interés. Decidimos ocultarte el gran secreto. Decidimos ocultarte los hechos de tu nacimiento en Oviedo.

Los hechos, pensé, no siempre dicen toda la verdad. La verdad es que siempre fui y siempre seré tu madre, y Ramiro siempre fue y siempre será tu padre. Los hechos, sin embargo, son dolorosamente distintos.

Naciste de una mujer joven, anónima, que era estudiante en Oviedo. La enfermera de la clínica de maternidad la describió como "una muchacha guapa, rubia, muy alta, como una modelo."

Tu padre y yo recorrimos un complicado laberinto para encontrar el médico en la clínica. El día que te entregaron a nosotros, él nos dio un certificado de nacimiento que señalaba a tu padre y a mí como tus padres. Nos dijo que tu madre biológica había renunciado a todos sus derechos sobre ti. Me miró por encima de los espejuelos y pronunció las palabras que sellarían nuestro destino: "Para todos los efectos, Sra. Méndez, usted dio luz a este niño en esta clínica este día."

No hubo proceso formal de adopción, ni batallas legales, ni

papeleo interminable, sólo un humilde médico que valoraba la discreción. Ese es el escenario que se colocaba perfectamente ante nosotros. No había necesidad de perturbar asuntos que sólo causarían dolor y corazones rotos. Cuando existe el amor incondicional, ¿qué más importa? Habíamos escuchado las historias de horror: niños adoptados cuyas vidas fueron destruidas por el rechazo de sus madres biológicas. Adolescentes que se escapan de la casa para buscar sus raíces de familia. Familias adoptivas cuyos hogares se destruyen por revelaciones inoportunas.

Hoy día, la adopción no sólo es aceptada abiertamente en la sociedad, hasta se convierte en noticia de celebridades. Pero tu padre y yo éramos de otra época y lugar, donde la palabra "adoptado" llevaba consigo un estigma injusto y las buenas familias de sociedad no discutían esos temas. ¿Por qué tomar un riesgo tan atroz cuando se nos había entregado este magnífico regalo del destino?

Sí, tenía planificado decírtelo en su debido momento, cuando llegaras a un nivel sólido de madurez, tal vez cuando tuvieras tus propios hijos. Para entonces, imaginé, los hechos serían más fáciles de concebir. Pero por el momento, pensé que Oviedo me había dado una bendición inesperada – no sólo un hijo, sino un hijo al que había dado a luz.

Tomamos nuestra decisión y nos arraigaríamos a ella. Si alguien se atreviera a revelarte la verdad, lo negaríamos a todas luces. Teníamos los papeles para probar nuestra verdad. Tú eras Ramiro Méndez III. Nosotros éramos tus padres, y Luis, Patti y Alex tus hermanos. Haríamos memorias juntas, suficientes como para toda una vida, suficientes para curar cualquier dolor que te deparara el porvenir.

Miraba el cielo por la ventanilla del avión, al tiempo que el piloto anunciaba nuestra llegada a Miami. Todo lucía verde y podado. Vi las piscinas y los canales que brillaban, y los meticulosos terrenos de béisbol. Nuestra ciudad, llana y extendida, nunca lució tan divina ante mis ojos. Encontraba paz en sus líneas amplias y sencillas, y su horizonte perfectamente delineado. Mientras descendía el avión, me pregunté por qué nunca lo había notado antes.

Llegamos a la aduana de los EE.UU. y pasamos sin problema alguno. El agente, muy amistoso, al ver a nuestro bebé en el cargador, nos dejó pasar sin revisar el equipaje. De inmediato escuchamos los chillidos de alegría de tus hermanos. Nos estaban mirando en un monitor, y cuando nos vieron llegar al pasillo, se enloquecieron. Alex, de once, daba brincos. A Patti, de doce, se le salieron lágrimas de felicidad. Hasta Luis, que era usualmente introvertido, ya que tenía quince, parecía estar conmovido al verte. Mis hermanas Olga y Marta estaban ahí, junto a todos tus primos. Todos querían cargarte, tocarte.

En la casa, había comida y cake para celebrar tu llegada. Estaba exhausta del viaje. Subí las escaleras hasta nuestra habitación, donde habíamos puesto tu cuna. Dormirías ahí hasta que estuvieras listo para tu habitación en el primer piso.

Durante todo el día, nuestros familiares iban y venían para conocerte y hacerte monerías. Después que todos se fueron, los niños se subieron a nuestra cama y todos nos acurrucamos a tu alrededor.

Me sentía tan afortunada y en paz ese día, rodeada de mis hijos y mi esposo. Ya al fin, tu padre y yo teníamos nuestro Tesoro.

Al día siguiente era hora de contestar las preguntas de los niños. Patti quería saber si tu madre biológica podía cambiar de opinión y venir a buscarte. Alex quería saber cuánto pesabas y cuándo ibas a empezar a caminar. Luis, siempre callado y siempre paciente, te sonreía dulcemente.

Tu padre y yo les contamos a los niños de la promesa que hicimos en el viaje de regreso a casa. Esta sería la verdad de nuestra familia: tú no eras adoptado, tú eras su hermano. La palabra "adopción" jamás se volvería a mencionar. Si alguien alegara que eras adoptado, lo negaríamos – todos. Y más importante aún, tú nunca podrías saber.

En los años subsiguientes confirmé lo mucho que te querían tus hermanos. Nunca volvieron a preguntar sobre tu madre biológica. Nunca volvió a surgir la palabra "adopción" en cuanto a ti se refería. Era como si se les hubiese olvidado. No hicieron más que quererte, mimarte y malcriarte.

Con el tiempo, nuestras vidas tomaron su curso, e hice lo mejor para balancear las necesidades de todos mis hijos. Tu padre, sin embargo, dejó virtualmente todo y a todos, excepto a ti. Puedo estar exagerando un poco, pero la verdad es que eras su nueva razón para vivir.

En las mañanas se quedaba hasta lo último antes de irse. Después de tu desayuno, te traía a nuestra cama y se acurrucaba contigo. Les daba a ambos un besito de despedida y salía a atender nuestro negocio de suministros médicos.

A medida que veíamos tu personalidad brillar, nos dimos cuenta que Ramiro era un nombre muy sombrío para un bebé tan alegre. Así que experimentamos con algunos apodos: Ramirito, Rami, Ray. Por un tiempo te llamábamos Ray, hasta que Alex, siempre ingenioso, inventó tu apodo. Al principio era "Tito", pero eso evolucionó a "Toti", el nombre por el que todos llegaron a conocerte. Luego vinieron los derivados, claro está – Toto, Totico, Toters, The Totemaster, y el favorito de Patti, Totts.

Nena, la niñera que vivía con nosotros, era la que supuestamente te cuidaba mientras tu padre y yo trabajábamos. Pero nunca era así. Queríamos estar contigo cada minuto del día. Tan pronto te pusiste robusto y estabas en una horario regular de comidas, te llevábamos con nosotros a la oficina. *Advanced Medical and Hospital Supplies* se convirtió en tu segunda casa. Juan, el gerente de la tienda, que no tenía hijos propios, aprendió a cambiarte los pañales.

Sentía, que la alegría se renovaba en mi matrimonio. Pero mientras Ramiro se acercaba más a mí, parecía estar distanciándose de mis otros hijos. Siempre disimulando, confiaba que podía sobrellevar cualquier dificultad que su ausencia causaría. Mis hijos podían contar conmigo y yo podía darles todo lo que necesitaran. También tenían a su padre Amado, que había dejado de beber y estaba dedicado a ellos, y su amor era incondicional. De hecho, llegué a la conclusión de que ellos ni siquiera se percataron de la preferencia de Ramiro por ti. Querían a todos por igual – a ti, a mí, a su padre, a su padrastro. Contigo en nuestras vidas, me sentía que estaba viviendo mi sueño.

Desafortunadamente, ese sueño no alejaba las pesadillas.

Zigzagueamos montaña arriba en la lluvia. Oviedo se desvanece en la neblina. Las rosas. El médico. La enfermera de blanco. Me lleva a una fila de cunas. Hay dos bebés idénticos durmiendo lado a lado. Uno de ellos se me acerca. Mi hijo. Me llevo a mi hijo en mis brazos y nos vamos juntos de la clínica. Pero me doy cuenta que hubo grave error – me llevé el bebé equivocado. Me llevé la niña. Corro de regreso a la clínica y te busco desesperadamente. Pero no estás ahí.

Grito por ti, mi voz haciendo eco en el largo pasillo blanco. Hace un frío invernal y escucho tus llantos. Corro a buscarte, pero sólo encuentro la bebita.

Me desperté en los brazos de tu papá, llorando y temblando. Por más que trataba, no podía deshacerme de la pesadilla. Me transportaba al día que fui a buscarte a la clínica. Nunca sabrás esto, pero hay muchas cosas sobre ese día que me han perseguido en mis horas de desvelo.

—

cuatro

DESCUBRIENDO TÚ CAMINO

Nuestra casa siempre estaba llena, era ruidosa, caótica y para darle un toque adicional de diversión, añadimos a la mezcla una perra dálmata mexicana desquiciada. Gypsy fue un regalo de Navidad para Alex, que era oficialmente el amante de los animales de la familia. Era un terror de pura raza. Se daba contra las paredes cada vez que salíamos de la casa. Nana, la niñera, estaba exasperada. Al fin, un día se puso fuerte, y nos anunció que ella estaba ahí para cuidar niños, no perros. Así que cargamos con Gypsy todos los días al trabajo. De más está decir que era un pandemonio. A tu papá le parecía muy divertida la perrita, hasta el día que destrozó a mordidas todas las cajas de pañales desechables para adultos que habían en la tienda.

Aun así, se puede decir que Gypsy fue quien te enseñó a caminar. Cuando empezabas a dar tus primeros pasitos, te agarrabas de su cola para balacearte. Claro está, barría el piso contigo, pero eso sólo te llenaba de determinación para levantarte nuevamente. Y entonces ella te tumbaba otra vez.

En realidad, la situación con Gypsy se volvió un poco insoportable. Tratamos de regalársela a una señora, amiga de una amiga. Su marido viajaba mucho, y ella pensaba que le vendría bien la compañía. Pero se le olvidó mencionarnos que tenía una cotorra. Para nuestra angustia, la pobre mujer devolvió la dálmata mexicana esa misma tarde – después de que la perra se comió la cotorra y destruyó todo en la casa. Ella llegó sollozando e insistiendo que la perra estaba loca o poseída – como si ya no lo supiéramos. Tratamos de regalar a Gypsy cuatro veces más y cada vez nos la regresaban con nuevos daños sumados a su currículum. Finalmente encontramos un viejito muy amable, un bombero retirado que le encantaban los dálmatas. Hacían la pareja perfecta. En mi mente, tengo esta imagen de él en su camioneta Chevy roja con la perra mejicana poseída a su lado. La cachorrita que había venido a darle felicidad a tu hermano Alex finalmente encontró su lugar en el mundo.

Mientras, Alex estaba teniendo problemas en encontrar su camino. Extrañaba y resentía a Ramiro, que había dejado de ir a sus juegos de béisbol. Yo trataba de compensar escapándome cada tarde para irlo a ver jugar en la escuela y en el *Khoury League*. Me dolía ver a Alex sufrir. Era un gran niño de muy buen corazón. Traía a la casa animales abandonados y lloraba en el cine. Desbordó su amor y afecto en ti desde el principio. De muchas maneras, tú eras su refugio.

Ya a los tres años estabas arreglando los frenos de las sillas de ruedas que vendíamos en la tienda – ¿o los estabas rompiendo? Todos los días nos turnábamos para leerte cuentos. Escuchabas con atención cada palabra, estudiabas las letras del abecedario y las repetías en voz alta. Tu vocabulario era extraordinario para un niño de tu edad y sabíamos que ya estabas listo para empezar a leer. Así que te matriculamos en la escuela pre-escolar Granada Presbyterian. Prosperaste mucho ahí. Ya a tus cuatro años te habías convertido en un lector avanzado en tu clase. Siempre por encima del nivel para tu edad, desde temprano dabas señales de que lograrías grandes cosas.

Un niño feliz con una gran sonrisa, celebrabas cada día con renovado entusiasmo. Llevarte a la cama a dormir nunca fue fácil. Tu entusiasmo por cada minuto se reflejaba en tu rostro, que parecía decir: "Enséñame que viene ahora."

"Mami, mira esos pájaros. Se están bañando."

"*Papi*, mira esas nubes, son más grandes que Nueva York," solías decir.

O mi favorito: "Mami, rápido, ven a oler estas sábanas. ¿Quién me las limpió?"

Y te asegurabas de darle las gracias a Nena o quién hubiera lavado la ropa esa semana.

Pero a pesar de tu ilimitado entusiasmo por la vida, tus ojos parecían atenuarse de vez en cuando. Trataba de convencerme de que sólo era mi imaginación.

En 1984 tenías cinco años y empezabas a mostrar tu amor por la música y los deportes. Bailabas al ritmo de "Dr. Beat" de Miami Sound Machine y siempre jugabas a tirar la pelota con tus hermanos con cualquier tipo de bola. Nos mudamos de nuestra casa en la avenida Palermo en Coral Gables. Queríamos una casa más grande, con espacio para una piscina, así que compramos una casa en el Sur de Miami. Te encantó la nueva casa desde el primer día que viste el enorme patio.

"¡Wow! ¡Puedo jugar fútbol!" gritaste, corriendo por el césped. Te veía galopar como un potro cimarrón, que se había liberado.

Durante la construcción de la piscina, sacabas tu caja de herramientas de juguete para ayudar a los trabajadores. Martillabas en el lado llano del hueco andrajoso que teníamos en el patio haciendo creer que estabas ayudando a cavar. Un día, llegué a casa y te encontré sentado en las piernas del operador de la excavadora. Te enseñaba cómo trabajar las palancas y mover la gran maquinaria.

"Mira mami, estoy construyendo nuestra piscina. La estoy haciendo preciosa."

Estabas tan orgulloso de tu trabajo. Agarré la cámara y te tomé una foto sentado en el asiento del operador de la excavadora amarilla, vestido con tu overol de mahón, una camisa de rayas y tus botas de vaquero.

Tu padre y yo queríamos que la casa tuviese todo lo que nuestros hijos pudieran necesitar o desear. En el proceso, construimos un virtual country club. Además de la piscina, construimos una cancha de tenis y una de baloncesto. Compramos una mesa de ping-pong y un equipo ultramoderno de ejercicios y pesas.

Nuestra casa country club se hizo tan popular, que a veces llegaba a casa y no encontraba dónde estacionarme. Con todos los amigos de Luis de visita, el "Club Méndez" se llenaba.

Más adelante, cuando el béisbol se convirtió en tu pasión, añadimos una caja de bateo, una máquina de lanzamiento, un pequeño diamante y todo el equipo electrónico que medía la velocidad, fuerza y rapidez que requiere el deporte.

A los seis años, veías a Luis y Alex y sus amigos jugar enérgicos juegos de ping-pong. Y para no quedarte atrás, te subías a un banquito para unirte a ellos. Aún entonces tu coordinación de mano y ojo era extraordinaria. Luis, tu compañero preferido, practicaba contigo por largas horas. Con el tiempo, se desarrolló tu velocidad, y los amigos de tu hermano ya no pensaban que era tan gracioso verte traer el banquito a la mesa de ping-pong.

Te gustaba tanto el ping-pong que un día anunciaste que querías jugar tenis. Tu padre ya te había matriculado en la liga Flagami Khoury League, de béisbol para la división de los seis a ocho años, y la temporada estaba por comenzar en par un de meses. Pero lo convenciste que podías hacer ambos.

Entonces contratamos un instructor de tenis llamado Bob, que nos empezó a dar clases a ti, a Patti y a mí. Bob estaba impresionado con tus destrezas desde el principio, que es mucho más de lo que puedo decir de Patti o de mí.

"Este niño es asombroso," decía Bob. "Si continúa mejorando así será el mejor servidor de seis años en el país."

Observaba tus lecciones desde la ventana de la cocina. Al notar la intensidad en tu servicio, de repente recordé algo que la enfermera de maternidad en Oviedo me había dicho: "Creo que el padre del bebé es un jugador de jai alai." Ese es el deporte vasco que consiste de una pequeña pelota y una cesta, donde la destreza principal es la coordinación de mano y ojo, junto a un servicio fuerte.

La escena de la clínica y todas esas preguntas sin respuesta regresaron como una ola y me golpearon las entrañas. Sentí miedo y náuseas. No podía detener el torrente de memorias.

Mientras te observaba desde la ventana de la cocina ese día, me sentía muy lejos de ti. Cuando entraste a la casa, te abracé y te apreté fuerte. No te diste cuenta de mi miedo. Estabas ocupado tratando de contarme lo bien que habías jugado al tenis ese día. Querías enseñarme todas tus nuevas movidas.

Tu romance con el tenis continuó sin interrupciones hasta el día en enero de 1986, cuando tu padre se apareció con un regalo para ti: un par de pantalones de béisbol, una gorra y un bate de pequeñas ligas.

"Los *try outs* empiezan el sábado," anunció él, sorprendiéndonos. "Es hora de que empieces a jugar un deporte de verdad."

cinco

PLAY BALL

La liga Flagami Khoury estaba a sólo diez minutos de la casa. Luis y Alex jugaron ahí por un par de años, pero ahora estaban jugando béisbol en la escuela. Esta liga Khoury jugaba en diferentes parques alrededor de la ciudad, pero el parque Flagami tenía la reputación de ser uno de los más duros y competitivos, después del de Hialeah. Yo no era muy fanática de la liga. Había visto unos incidentes que me preocuparon, principalmente peleas entre padres y entrenadores. Me alegraba que Alex y Luis ya no estuvieran ahí. Habían sido jugadores promedio y sus habilidades estaban por debajo de la competitividad de esa liga. Pero el conocimiento y entusiasmo de tu padre por el deporte era tan contagioso, que seguían tratando. Mirando atrás, me doy cuenta que ellos nunca poseían pasión por el béisbol o una destreza natural para el juego. Sólo querían la aprobación de su padrastro.

Pero tú eras distinto. Tú estabas listo para lanzarte desde tu primer día en la liga. Ese sábado en la mañana fuimos a despertarte, y te encontramos ya vestido en tus pantalones y gorra de béisbol. Me preocupaba que fueras aún muy joven para el béisbol. No podía imaginarme cómo una cosita como tú podía hacer el swing con el bate sin hacerte daño. Pero me calmé cuando tu padre se ofreció para ser *coach* (entrenador) y podía vigilarte.

Entraste a los *try outs* de talento como un tigre. A ti no te importaba que fueras uno de los jugadores más jóvenes del grupo. Ahí pertenecías. Al verte agarrar un puñado de arcilla y lanzarla al aire, supe que ese día iba a ser todo tuyo. Tu padre y yo éramos sólo instrumentos y espectadores en tu travesía.

Dos días después, llegó el momento de escoger los equipos. Tu padre estaba ahí junto a los otros entrenadores mientras escogían sus jugadores. El proceso duró horas, igual a una selección profesional. Cada entrenador trabajó diligentemente para cumplir sus sueños de campeonato. Tu padre tuvo que luchar para incluirte en su equipo porque te habías destacado en las pruebas y todos los entrenadores te querían. Tu padre tuvo que intercambiar dos jugadores para que te pudieras quedar en su equipo.

"Sabía que era bueno y creo que no me equivoqué," me dijo luego.

Dijo que serías el jugador más joven en la división Atom de los de siete a ocho años. Esto era béisbol, no T-ball como el que juegan los niños en otros parques. La diferencia entre T-ball y béisbol, según entiendo, es que en béisbol hay un niño de tu edad que lanza la pelota al bateador, en lugar de batear la pelota estacionaria en un tee. Flagami quería que sus jugadores empezaran de a verdad.

¿En qué lo estamos metiendo?" le discutía a tu padre. "Es un bebé todavía. Debería estar jugando para divertirse. ¿Por qué ponerle tanta presión?"

Pero ya era tarde. Ya estabas durmiendo con tu guante de pelota debajo de la almohada. El brillo en tus ojos cada vez que agarrabas la pelota me lo decía todo.

El béisbol se convirtió en una segunda religión en nuestra casa. Íbamos al parque todas las tardes a verte practicar con tu padre y el otro entrenador, nuestro amigo Rafael. Habían decidido ponerte en segunda base, por la rapidez de tus manos.

A veces quería que no fueras a las prácticas. La escuela venía primero y había libros que leer. Pero tú parecías manejarlo con facilidad y elegancia. Tu disciplina y sentido de compromiso me humillaban. A veces me quedaba sin palabras. Recuerdo la vez que tu padrino Eduardo te dio un dólar para que compraras M&Ms. Tenías dos años y medio. Cuando fuimos al supermercado, fuiste a la góndola de los dulces y en total cumplimiento de tu deber agarraste una bolsa de M&Ms. Los querías comprar a pesar de que no te gustaban los chocolates. Te dije que buscaras otra cosa que te gustaba más, como los caramelos, pero te negaste.

Con el dólar en agarrado en la mano, me dijiste: "Mami, no puedo hacer eso. Él me dijo que comprara M&Ms. No puedo usar este dólar para otra cosa."

En tu mente, comprar algo distinto sería un engaño. No tenías el corazón para el engaño. Me enseñaste esa lección varias veces durante tu vida. Me demostraste que la edad no tiene nada que ver con el carácter. Tu carácter lo define tu corazón. Por eso eras un atleta tan dedicado a los seis años de edad.

"¡No puedo faltar a la práctica! Somos un equipo, Mami, y mi equipo me necesita," me decías.

En las prácticas, demostrabas mucha habilidad, pero empezaba a preguntarme si tener a tu padre de entrenador era buena idea. Parecías mirarlo, con los ojos bien abiertos, buscando su aprobación en todo lo que hacías, y demandaba más de ti que del resto del equipo. Le conté a tu padre de mis preocupaciones y me dijo que me estaba imaginando cosas.

Un sábado, tres semanas después de los *try outs*, en una mañana fresca y sin una nube en el cielo, estabas previsto para jugar tu primer juego. Te vestiste en tu uniforme rojo, azul y blanco, adornado con el emblema del auspiciador de tu equipo: Monzon Insurance. Estabas tan ansioso por llegar al parque que casi ni terminaste tu desayuno y me hiciste tragarme mi café. Tu padre había salido temprano, para una reunión de los entrenadores.

Patti, que ya tenía diecisiete, se había convertido en una preciosa señorita, con una sonrisa que tenía un hoyuelito en cada mejilla. Ella también se había vestido para ir a ver a su hermanito menor jugar su primer juego. Había ido a Flagami muchas veces a ver a Luis y Alex – y espiar a los jugadores jóvenes y guapos. Pero esta vez sólo iba por ti. Había convencido a Amado, ya que los fines de semana era el tiempo que ella y sus hermanos la pasaban con él. Años antes, era nuestra tradición sabatina ir a los juegos de béisbol de Luis y Alex. En la tarde, para mi pesar, se iban con su padre el resto de la tarde. El parque estaba lleno de niños bulliciosos, desde los seis hasta los quince años. Los colores brillantes de los uniformes me recordaban una escena de El Cascanueces, pero sin música. En vez, se escuchaba el crujir de las garras de los *cleats* en la arcilla roja, el ping de bates de aluminio de las jaulas de bateo, y el pop único del cuero cuando una pelota da justo en el punto mágico del guante de un *cátcher* o receptor.

Llevando a tu hermana de la mano como para protegerla, nos escoltaste hasta nuestros asientos. Y luego corriste hasta tu padre, que ya se acomodaba en su lugar en el *dugout*.

Al igual que las demás madres orgullosas, tomé foto tras foto, mirando el terreno de pelota a través del lente de mi cámara. Cuatro diamantes anclaban las esquinas del gran parque, cada uno asignado a un grupo de edad distinto. Los de siete a ocho años se llamaban los Atoms. También estaban los Bantams, los Midgets y los Juveniles.

Era una mañana preciosa – un tiempo *crispy*, como yo solía llamarle. Mientras sonaba el distorsionado Himno Nacional por los altoparlantes de lata, podía verte con tu gorra al pecho, en acto de reverencia. La imagen trajo lágrimas a mis ojos. Llegó el momento, este era el comienzo de tu vida como joven atleta.

Me acordé de la promesa que le había hecho a La Santina, la Virgen de la Covadonga. Había prometido que te llevaría en gratitud. Sabía que tenía que cumplir esa promesa. Después del juego, me dije que hablaría con tu padre para planificar un viaje a España. Pero por el momento, cerré los ojos en oración silente: "Por favor protege a mi Toti hoy."

Al comenzar el juego, te vi a ti y a tus compañeros salir al terreno para tomar sus posiciones. Casi ni podía distinguir las caritas detrás de todas esas gorras enormes. Podía jurar que algunos de los niños llevaban pañales o pantaloncitos de entrenamiento. Luego me acordé que llevabas una cosa llamada "copa" en tu ropa interior para protección.

Los lanzadores de cada equipo eran niños de ocho años. Un niño de esa edad sólo logra cierto nivel de precisión, así que los *innings* o entradas parecían interminables, con los lanzadores llenando las bases por bases por bola. Las carreras se lograban sin mucho esfuerzo de las dos partes. Pero cada vez que se bateaba una bola, te agachabas tal y como se te enseñó. Te veía coger la pelota y lanzar un tiro directo a la primera base, forzando el out. Los gritos de tu padre me decían que lo estabas haciendo muy bien. Cuando llegaba tu turno al bate, ya eso era otra historia. Hacías tu swing y no conectabas con la bola, y cada vez que pasaba, ibas arrastrando los pies hasta el *dugout*, cabizbajo en deshonra.

Así fue por varios juegos. Entonces sucedió: Lograste tu primer hit. Todos gritamos enloquecidos: "¡Corre Toti, corre!

Por unos segundos te quedaste ahí, bate en mano, paralizado. Entonces soltaste el bate y saliste corriendo por el montículo del pitcher, directo hasta segunda base.

"¡Primera base, primera base!" gritaba tu padre. Pero ahí te quedaste, orgullosamente en segunda base y con una sonrisa en la cara. Y te quedaste hasta que vino el árbitro y te cantó out. Al principio, no entendías lo que habías hecho mal. Tu padre tuvo que cogerte de la mano y llevarte al *dugout*.

Después del juego viniste corriendo hacia mí con lágrimas en los ojos. "Pensé que tenía que correr a segunda, Mami. La segunda base es *mi* base, no primera."

Después de eso, tu primera temporada progresó sin incidentes. A petición de tu padre, Patti se convirtió en la marcadora oficial y yo en la madre del equipo. Eso significaba que sería responsable de recoger el dinero para las pizzas después del juego y otorgar las estrellitas de oro a todos los jugadores que habían logrado hits durante el partido. Las madres pegaban las estrellitas en las gorras. Mientras más estrellas, más elogios recibían los jugadores cuando caminaban con orgullo por el parque.

Después de darle a la pelota esa primera vez, nada podía detenerte y en cada juego te ganabas una o dos estrellas. Tu gorra brillaba y tus ojos radiaban de orgullo por todas esas estrellas doradas.

Durante la temporada, nos vimos obligados a cancelar algunas de tus lecciones de tenis porque caían en la misma fecha que tus juegos de béisbol. Pero se acercaba uno de los torneos juveniles más importantes de la ciudad, y Bob nos alentó a que te matriculáramos. El tiempo de práctica, sin embargo, era poco. "Las próximas dos semanas son cruciales. No debe perder ninguna de las prácticas," nos advirtió Bob.

La semana siguiente, después de las prácticas de tenis, Bob pidió hablar con tu padre y conmigo. "Toti tiene gran potencial como tenista. Tiene buenas manos y su servicio es uno de los mejores que he visto a su edad," nos dijo. "Pero no puede practicar dos deportes de contacto a la vez. Hoy me di cuenta que estaba haciendo el swing con la raqueta como si fuera un bate de béisbol. Estoy dispuesto a llevarlo tan lejos como ustedes me permitan, pero él tiene que decidir ente el tenis y el béisbol."

Aún no habías cumplido los siete años y ya enfrentabas un dilema que te cambiaría la vida. Le dijimos a Bob que hablaríamos contigo y le dejaríamos saber en un par de días. Cuando te dijimos lo que Bob había dicho estabas destruido. "Pero puedo hacer los dos, Papi. Trabajaré más duro."

Te pedimos que lo pensaras y que nos dieras una respuesta al día siguiente. Esa noche, como de costumbre, recé contigo al lado de tu cama y tú le pediste al Niño Jesús que te ayudara a tomar una decisión. Me fui a la cama con el corazón partido. Eras tan pequeño, y te sentías tan dividido y triste.

Al día siguiente, después de la escuela, nos diste tu veredicto. "Si dejo el béisbol, tendría que jugar tenis solo con Bob todo el tiempo. Me encantan mis compañeros en Flagami, y me necesitan."

Tu decisión estaba tomada y tu padre no podía estar más

contento. Después de todo, él soñaba con que fueras el próximo Mickey Mantle, y eso no lo podías hacer con una raqueta de tenis.

Para finales de la temporada, te habías convertido en el *Most Improved Player* (jugador más mejorado) del equipo. Alcanzaste a los niños que llevaban jugando dos años, y bateabas lanzamientos de opositores *pitchers* dos veces más grandes que tú. Patti y yo íbamos a todos tus juegos. Alex venía de vez en cuando y Luis llegaba en su Pontiac Firebird para ver alguno de vez en cuando. Verte jugar era algo que nos gustaba hacer juntos.

Esa temporada nos dio una indicación de lo que eras podías alcanzar. Prometía ser una jornada increíble, llena de orgullo y logros. Pero sabía que antes de embarcar en esa travesía, teníamos que tomar un desvío muy importante.

seis

—

OVIEDO

En un lindo día, a mediados de agosto, partimos todos rumbo a España a ver a La Santina. Y cuando digo "todos" me refiero al clan completo – tu padre y yo, tus hermanos, tu tía Olga y tío Chichi, y tus primos Chichi, Jr. y Olgui. No fue fácil convencer a tus hermanos que vinieran. Luis tenía novia y Alex estaba con su acostumbrada rebeldía, pero lo logré. Como todos, ellos compartían el secreto y se daban cuenta de la razón por la cual estábamos haciendo este viaje especial: para dar gracias por ti. Tú sólo sabías que viajábamos a la ciudad de tu nacimiento. A tu edad, no te podías imaginar las emociones que corrían por mi corazón ese verano, pero tenía el presentimiento que entendías de todas formas.

Descendimos en Madrid al puro estilo cubano de Miami – en masa. Los diez llenábamos dos taxis en cualquier lugar que íbamos. Los restaurantes y los guías turísticos nos daban descuentos por el tamaño del grupo.

Pasamos dos días en la capital antes de partir hacia el norte, al Principado de Asturias para visitar la ciudad de tu nacimiento. La primera noche en Madrid todos salimos a caminar por la Plaza Mayor. La fila de olivos nos trajo muchos recuerdos felices a tu padre y a mí. Le apreté la mano en silente victoria. Un aire cálido sacudía las hojas de los árboles, sonsacando el aroma de aceituna por toda la plaza. Observaba como tú y Olgui, tu compañera de juego favorita, recogían un puñado de olivos. Corriste a donde mí para que las pusiera en mi cartera. "Mira que suaves, Mami. Guárdalas para llevárnoslas a la casa y comerlas."

Te expliqué que no podíamos comerlas porque se secarían rápido. Pero tal y como hice años antes, puse los olivos en mi cartera. Años después los encontré, secos y arrugadas.

Viajamos en tren por España hasta Asturias, llegando a Oviedo en un día de puro resplandor. Nos hospedamos en el Hotel de la Reconquista, al igual que hicimos tu padre y yo el verano antes de que nacieras. Todos se enamoraron de Oviedo, y me daba mucha felicidad verte explorar sus bellezas y misterios. De brazos con tu prima Olgui, dirigías las giras por el pueblo, siempre cuidándola del tráfico y los baches. Caballeroso y afectuoso, eras su protector. Te veías tan feliz en Oviedo que tal parecería que tu alma reconocía las calles y las plazas, las iglesias y las rosas. Nuestra cámara sólo logró capturar una fracción de esa felicidad en una foto de Patti, tú y yo sentados sonrientes en el banco de un parque. Era el mismo banco donde tu padre yo nos sentamos a ver los bebés con rostros de querubines en nuestro primer viaje.

Al igual que ese primer viaje, tomamos las carreteras con curvas que daban vista al valle. Los colores y la luz de esas vistas desde los montes me trajeron una mezcla de recuerdos:

La larga entrada hasta la clínica de maternidad; el médico medio calvo sentado en su butaca de cuero; las preguntas que ignoró y las que hizo.

"¿Prefieren un niño o una niña?" preguntó.

"Un niño," dijo tu padre.

"Les tengo varias alternativas..."

Regresé de mis recuerdos y te busqué para abrazarte.

Después de unos días en la ciudad, te llevamos a conocer a La Santina – la montaña donde el guerrero Pelayo había encontrado tanto consuelo y fortaleza estaba tal y como la recodaba. Rodeados del aroma de las velas y el olor a tierra, nos arrodillamos en la gruta, frente a la Virgen de la Covadonga. Al igual que un niño que se reencuentra con su madre después de una larga ausencia, me quedé rezagada en su abrazo. Su santuario, fulguroso de la energía de tantas plegarias hechas y respondidas, renovaba mi alma con un sentido de paz, entendimiento y perdón. Ahí sentía humildad y agradecimiento, lejos de toda pretensión o expectativa. La Santina era mi hada madrina, mi cómplice, la guardiana de mi secreto más guardado. Ahora venía a cumplirle mi promesa. Hice reverencia en oración:

"Mi queridísima Santina, perdona haber tardado tanto, pero aquí está. Gracias por este milagro y por favor, protégelo siempre. Yo me aseguraré que nunca te olvide."

Puse un fósforo largo en tu mano. Vi tus ojos brillar en la luz de su llama. "Préndele una vela a la Virgen de la Covadonga, Toti," te susurré. "Ella siempre te protegerá."

"Yo sé, Mami, ella duerme conmigo en mi cuarto," me respondiste con otro susurro.

Con aire de solemnidad, bajaste la cabeza en reverencia, prendiste la vela y le sonreíste. En esos momentos callados y privados entre nosotros, sentí el amor de la Virgen arroparnos de calor, bendiciendo la unión de madre e hijo. Una unión como ninguna.

Al salir del santuario me sentí nuevamente confiada de que tu padre y yo recibiríamos asistencia divina en criarte como un niño feliz y seguro. Eso es lo que más quería para ti: una niñez que atesoraras, que no estuviese perturbada por ocurrencias violentas o repentinas, ni pérdidas inmerecidas.

En otras palabras, quería que tuvieras una niñez totalmente distinta a la que yo tuve.

siete

——

LA VIDA EN EL EXILIO

Llegué a los Estados Unidos cuando tenía 12 años. Era el año 1959 y éramos exiliados políticos, atrapados en un limbo. Dejamos atrás pertenencias y riquezas significativas. Como quien dice, nos arrancaron todo de sopetón. Tu abuelo materno, abuelo Luis, tenía un puesto de importante en el gobierno del dictador cubano Fulgencio Batista. A pesar de la corrupción rampante del gobierno para el cual él trabajaba, mi padre era un hombre honrado, que trabajaba duro para darles a sus tres hijas la mejor vida, educación y futuro que podía. También nos dio tatas, chóferes y todas las cosas finas que disfrutaba la burguesía de La Habana.

Pero la corrupción de Batista, su falta de apoyo popular y, ultimadamente, su falta de valor trajo un cambio violento para Cuba. Ese cambio se vistió de fatigas verde olivo y barbas rebeldes. Cargaba rifles y se adueñaba de todo a punta de cañón – fincas, casas, vehículos, hijos e hijas – todo a nombre de la omnipotente Revolución. Declaró muerto a Dios e introdujo un nuevo dios llamado Fidel. Él cerró iglesias, expulsó sacerdotes y prohibió la Navidad. El hecho de que escogiera el Día de Año Nuevo para apoderarse de Cuba le aseguró presidir sobre ese día de fiesta y por décadas venideras.

Ese día, el 1ro. de enero de 1959, mi madre nos despertó a mis hermanas y a mí a las 5:00 a.m. "Vístanse y póngase ropa que abrigue," nos dijo firmemente. "Nos vamos a un país frío."

En ese momento, ella no tenía idea de que las tropas de Castro habían ocupado el aeropuerto, después del vuelo repentino la noche de Año Nuevo que sacó a Batista de La Habana. Nos refugiamos en la casa de mi tía Fefa, donde nos quedamos por seis meses hasta estar seguros que nuestro padre estaba a salvo. Temiendo el paredón de fusilamiento de Castro, mi padre solicitó asilo político en la embajada de Guatemala, donde estuvo hasta que pudo salir de la isla. Viajó a Guatemala y estuvo ahí cuatro meses, para luego volar a su destino final: Miami.

Mientras esperábamos noticias de nuestro padre durante esos primeros meses caóticos en La Habana, tratamos de vivir con cierto sentido de normalidad. Pero siempre en mi mente estaba presente ese miedo paralizante de que lo atraparan. Dondequiera que íbamos se escuchaban los gritos vengativos de "*¡Paredón! ¡Paredón!*"

Los buenos revolucionarios clamaban por los paredones de fusilamiento. En la televisión mostraban los cuerpos agujereados de bala de los oficiales de Batista. A mi tío, el coronel Armando Suarez Suquet, lo fusilaron mientras estaba atado a una camilla. La imagen de su cara tratando de sonreírse conmigo cuando lo visité en el hospital militar unos días antes se quedó grabada en mi mente, y me he negado a cambiarla por la de él ante el paredón. Era un Circo Romano y nuestros célebres leones dirigían el espectáculo. El mero hecho de salir de la casa de mi tía para ir a la escuela, o a cualquier parte, era una prueba de valentía, humildad y auto control. Todos nos señalaban para ridiculizarnos. Fue la primera vez que experimenté la crueldad a manos de los niños. Amigos y vecinos se burlaban de nosotros. "¿Qué pasa niña rica, tu padre está escondido? ¿Dónde están tus tatas?"

Sin lugar a dudas, nuestra vida glamorosa se había desvanecido, y el ser hijas de un reconocido oficial del gobierno nos convertía en un blanco perfecto. Montar la guagua escolar era tan humillante como escuchar los insultos de los vecinos. Nos insultaban de mil maneras: *Gusanos. Esbirros. Latifundistas.*

Había días que el ruido era tan insoportable que me sentía como un insignificante gusano, y tal vez eso era mejor que mi existencia en ese momento, porque los gusanos tienen la habilidad de colarse por el más minúsculo agujero y quedarse escondidos todo el tiempo que quieran. Esos días han quedado tan grabados en mi psiquis, que nunca he podido pisar un gusano.

Unos días luego del infame Día de Año Nuevo, nos enteramos que nuestra casa, aquella casa preciosa que yo tanto quería, había sido saqueada. El Pueblo descendió sobre ella como una manada de lobos. Cargaron con nuestras pertenencias en sus camiones y autos. El saqueo de nuestra casa continuó por días. Después de que se fueran los saqueadores, regresamos a salvar lo poco que quedaba.

Nunca olvidaré por el resto de mis días la devastación que encontramos cuando entramos a nuestra vieja casa. Hasta el día de hoy, cada vez que recuerdo esas imágenes, se me hielan las manos y los pies. Ese fue el día que terminó mi niñez.

Se lo habían llevado todo. Lo que quedaba estaba en pedazos por todo el suelo o descartado como inútil. Las ruinas de mi casa hedían a una mezcla tóxica de los licores de mi padre y los perfumes de mi madre. Los ladrones habían hecho pedazos botellas de finos licores y perfumes franceses que un momento disfrutaron mis padres. Ese choque de olores ha quedado por siempre grabado en mi memoria.

En el segundo piso, los saqueadores habían arrancado los azulejos de los baños, tal vez por creer que eran de mármol. Unos testigos nos dijeron haber visto a los vándalos cargando nuestros inodoros al hombro por la calle.

La escena en los dormitorios daba miedo. Se llevaron toda la ropa; hasta los zapatos y la ropa interior. Parada en medio de mi closet vacío, me llene los pulmones de ese olor de cedro dulce que tanto amaba, mientras que los percheros sin ropa, se mecían en un ritmo musical. Mis animales de peluche, mis primeros "hijos", los hicieron trizas o se los robaron. Los colchones los cortaron en acto de cólera. Me pregunté entonces, al igual que me pregunto ahora, ¿Qué hubiera sucedido si hubiésemos estado durmiendo en esas camas?

Los ladrones vinieron y cargaron con nuestras pertenencias más personales – hasta las rosas y la música. Desafortunadamente, esos ladrones incluían a nuestros vecinos. Se reían de nosotros, nos odiaban y nos deseaban el mal. Desde entonces, nunca fui la misma, nunca más jugué ni reí con la risa despreocupada de un niño.

He tratado de olvidar esos tiempos, por eso te he hablado muy vagamente de mi niñez. Pero cada vez que veo una palma real mecerse, o huelo la sal del océano o el aroma de un tabaco, me acuerdo de Cuba, mi isla preciada, el lugar que he tratado tanto de olvidar.

El 27 de julio de 1959, mi hermana Olga y yo partimos de La Habana. Nuestra hermana del medio, se quedó atrás con mi mamá. En el dobladillo de mi falda estaban cocidos unos dólares americanos que mi madre había logrado conseguir de la venta de algunos de sus efectos personales. Nuestras cuentas de banco habían sido congeladas por el gobierno unos meses antes.

Después de despedirnos de mi mamá, nos llevaron a Olga y a mí a una oficina en la parte posterior del aeropuerto, y nos separaron. Una guardia rebelde me llevó a un cuarto contiguo y me ordenó a quitarme la ropa. En otro cuarto, otra guardia le instruía a Olga a hacer lo mismo. Las rebeldes buscaban dólares americanos. Yo temblaba mientras me registraba la miliciana y me preguntaba si escondía algo. Cualquier tonto hubiese encontrado el dinero con simplemente mirarme a los ojos – estaban fijos sobre mi falda de pliegues cuadriculada en verde y negro puesta sobre una silla. Estaba parada en medio del cuarto agarrada a la silla fría, con sólo mi ropa interior y mi primer sostén. La mujer buscó en mis zapatos, miró dentro de mi *panties* y me dijo que me quitara el sostén. Toqueteó y apretó el sostén, y hasta lo olió. Luego de haberme vestido, un miliciano entró al cuarto y me ordenó quitarme la liga que aguantaba mi cola de caballo. Alguien pasó sus dedos entre mi pelo. Pensé que iba a morir, de pronto fusilada en el paredón. Pero nos dejaron ir. Olga y yo estábamos sin palabras cuando salimos a la pista y subimos las escaleras hasta el avión que nos sacaría de ahí.

Una vez las que ruedas despegaron de la pista, me despedí por la ventanilla de las palmas reales, hasta que desaparecieron en las nubes intermitentes. Tratando de ver su último verdor, tomé una foto, el tipo de foto que no necesita película, una muy querida que guardo en mi memoria. Siempre me refiero a esas imágenes como los marcadores de mi vida. Unas son hermosas e inspiradoras, otras horribles y dolorosas. Las guardo como el gran tesoro de mi vida, y las recuerdo cada vez que necesito acordarme de quién soy.

Mi última vista de la isla siempre ha quedado fresco en la bóveda de mi memoria, pero la imagen de nuestra casa destruida se ha mantenido escondida por años, pero ha resurgido ocasionalmente como borrosas tomas instantáneas: los percheros vacíos colgando en los roperos; los colchones rajados; y la más violenta – el brillo de cristales rotos por todo el piso de losa.

Nos encontramos con abuelo Luis en Miami, donde había solicitado asilo político, mientras que abuela Laláa se quedó atrás tratando de recuperar los bienes raíces de la familia. Un año y medio más tarde, llegó. Mi madre había ganado la batalla en papel, pero llegó a los Estados Unidos sin un centavo, obligada a dejar atrás las propiedades y el dinero.

En esa época, muy poca gente en Miami hablaba español, y ni se sabía lo que era el café cubano. En mi nueva escuela, de hecho, sólo había otra niña cubana exiliada.

Nuestra familia vivía en una pequeña casa de dos dormitorios y un baño, con pisos de madera, en la esquina de la Calle 4 y la 32 Avenida en el Southwest. Aprendí a cocinar y a limpiar la casa, y me hice la niñera favorita del vecindario. En ese entonces, no sabía que cuidar niños no requería pasar el trapeador y limpiar baños. Y como resultado de mi ignorancia, era una niñera muy ocupada, cansada y mal pagada.

A un mundo de distancia de mis raíces de niña consentida en Cuba, usé guaguas públicas y llevaba la ropa sucia de la familia en la deprimente lavandería local.

Aun así, abracé la cultura americana que llegué a conocer de niña. Cuando vivíamos en Cuba, nuestros padres nos enviaban a mis hermanas y a mí al campamento de verano para niñas de Moss Lake en las montañas Adirondack de Nueva York. Mi madre, tu abuela Laláa, fue criada por una institutriz americana, la señorita Alice Swinson. Y creció, al igual que nosotras, leyendo a Walt Whitman, Henry Wadsworth Longfellow y Elizabeth Barrett Browning.

Cuando mi mamá llegó de Cuba encontró empleo inmediatamente en una farmacia. También se matriculó en la Universidad de Miami para logar un grado de maestra. Tu abuela Laláa, que había estudiado educación, farmacia y música en Cuba, también aprendió a hacer algo que no hacía en La Habana – aprendió a cocinar.

Abuela Laláa, cuyo nombre verdadero era Olga, era una mujer brillante con una personalidad complicada. Tuvo una niñez muy resguardada y una madre emocionalmente inestable. Sus abuelos eran españoles y se establecieron en la provincia de Santa Clara. Compraron tierras y eventualmente se hicieron muy ricos y distinguidos. Su padre, de hecho, fue juez del Tribunal Supremo.

Abuela Laláa era una mujer muy sabia e ingeniosa, con unos instintos tan agudizados, que la ayudaban a mantener a nuestra familia estable. Crecer como su hija no fue fácil, pero yo admiraba su fortaleza, inteligencia y determinación. Y ella, con toda certeza, estaba determinada a lograr el éxito en este país.

Mi padre, por otro lado, tuvo problemas con la transición. No hablaba inglés, así que se le dificultó encontrar trabajo en Miami como profesional. Decidió entonces trabajar en la cocina de un restaurante fregando platos y lavando pisos. Hijo de catalanes españoles, tu abuelo era un hombre de buen temperamento, barriga grande y despreocupado, así que le sacó el mejor provecho a su situación.

A pesar de todo el tumulto que atravesó la familia, había cosas aquí que le daban a nuestras vidas un sentido de familiaridad y continuidad. El aroma del tabaco de abuelo Luis era una de ellas. La fragancia a tabaco que se le adhería a la ropa y la piel, y sus ronquidos en la noche, daban cierta consistencia a nuestro hogar. Eso fue lo más que me acerqué a sentirme segura. Me da pena, sin embargo, cuando pienso que mi padre murió negándose a aprender inglés. Él nunca entendió por qué mi madre insistía en comprar una casa en Miami.

"¿Para qué? Si vamos a regresar a Cuba el año que viene," solía decirle.

Pero mientras Fidel continuó dominando el Día de Año Nuevo, el año que viene nunca llegó.

Por más que trataba de crear una nueva vida en Miami, las memorias y la pérdida me inhibían. Las pesadillas de nuestra casa saqueada, y la persecución y violencia de la cual fuimos testigos, me hicieron una persona irremediablemente miedosa. Mi inocencia y sentido de pertenencia habían sido reemplazados hacía tiempo por la inseguridad, la impotencia y el miedo a la muerte. Esos sentimientos me han perseguido aún en las temporadas más felices de mi vida. Desde los doce años, he estado obligada a crear nuevo cimientos y lidiar con mi nostalgia en constante evolución. Castro borró generaciones de historia, herencia y tradición. Borró las huellas de nuestros antepasados, los caminos que nos habían abierto y los mapas de futuro que le habían legado al pueblo cubano. Perdida en una nueva ciudad, sentía que no encontraba el camino a seguir. Sabía que tenía que convertirme en el arquitecto de mi propia vida.

Cambiando de cultura a cultura, crecí siendo ni esto ni lo otro. Ni cubana ni americana. No negra, pero tampoco blanca. No desamparada, pero sin hogar. Aún no una mujer, pero ya no niña.

La vida era desoladoramente distinta. Ya no había armarios llenos de vestidos elegantes. Mi hermana y yo teníamos dos faldas de pliegues – una blanca y otra negra. Y dos pares de zapatos bajos, unos blancos y otros negros. Eran mis más preciados tesoros. Los necesitaba para mis largas caminatas y los usaba tanto, que cuando llovía, tenía que ponerles unas plantillas de cartón para cubrir los agujeros.

Conseguí un trabajo en la farmacia *Greene's Drugs* para ayudar a cubrir gastos – pero tuve que mentir sobre mi edad para que me contrataran. Mis otras hermanas también tuvieron que conseguir trabajo y Olga, la mayor, tuvo que dejar la escuela para ayudar a mi padre con el alquiler. Las admiraba inmensamente, y se convirtieron en mis heroínas.

De noche, dormíamos todas juntas en una misma habitación, y durante el invierno, nos apiñábamos frente a un calentador portátil. A pesar de la reputación de Miami por su brillante sol, los inviernos de la Florida del Sur eran helados, comparados a los de nuestra isla tropical.

También nos protegíamos de otros elementos. Después de escuchar todo tipo de historias horrendas de violadores al asecho y criminales listos para entrar a tu casa a robar, torturar o matar, aprendimos a vivir detrás de puertas cerradas con llave. Aunque sí pude circular un poco en la ciudad, había mucho que no veía, aun cuando sucedía ante mis propios ojos. Estaba ajena a la lucha racial que dominaba la era. Aunque veía a afroamericanos sentarse en la parte posterior de la guagua pública, pensé que lo hacían porque querían. No entendía por qué los negros y los blancos no se saludaban, o no iban juntos en un mismo auto. No comprendía por qué había dos mundos tan marcadamente separados, uno para blancos y otro para negros. De niña en Cuba, no percibía este tipo de racismo y separación. Cuando finalmente entendí las realidades de la lucha afroamericana, llegué a identificarme con ella, como refugiada, sintiéndome muchas veces una forastera.

Igualmente me desconcertaban los padres americanos, particularmente los padres de las niñas de mi escuela, Shenandoah Junior High. Concluí que tenían que ser padres horrendos. A fin de cuentas, sus hijas sólo hablaban de irse de la casa. No podían esperar a cumplir los dieciocho para ser libres. En Cuba, las niñas nunca se iban de su casa.

En la escuela, las clases eran tan grandes que los muchachos podían pasar por desapercibidos. Yo no tenía esa suerte. Todo el mundo me notaba porque era un espécimen raro. Y francamente, a veces prefería enfermarme que formar parte del grupo. A la hora de ducharse en la clase de educación física, pretendía enfermarme después del almuerzo para evitar ese calvario. Todos los días teníamos que desvestirnos y ducharnos en la escuela, frente a todo el mundo. A ninguna de las otras chicas me parecía que eso le preocupaba. Pero yo sólo pensaba en lo que la hermana Rosa, una de las monjas Ursulinas de mi escuela en Cuba, diría al respecto. Según sus normas, hubiese ido directo al infierno. Como me crié en escuela católica, me habían enseñado que no estamos supuestos a admirar nuestros cuerpos. Las monjas se bañaban en batas blancas para evitar verse desnudas.

Traté de explicarles a mis maestras que ducharse juntas no era apropiado y que yo debía ser excusada. Pero de nada sirvió.

Aprendí bien rápido que este país tiene sus reglas y su ritmo.

En mi isla, los días eran largos y sin preocupaciones. El día empezaba suavemente con un dulce café con leche. Aquí, los americanos empezaban el día con leche fría y cereal. Mi estómago se revolcaba del inesperado shock. No en balde los americanos me parecían tan descontentos. Aun así, eventualmente adopté las costumbres americanas y reemplacé mi café con leche por cereal frío. El desayuno se hizo más fácil – y podía llegar a la parada de guagua a tiempo.

A pesar de las circunstancias que nos trajeron a América, creció mi cariño por mi nueva patria, y no importa lo que dijera mi padre, yo sabía que habíamos llegado para quedarnos. Cada mañana, mientras juraba lealtad a la bandera americana, sentía mis ojos llenarse de lágrimas. Hasta escribí un poema de cómo se sentía al jurar ante la bandera, y recibí muchos elogios de la facultad y los estudiantes de Shenandoah. En el coro de la escuela, una de mis pasiones, me aprendí todas las canciones patrióticas americanas, y pronto se me olvidaba que no había nacido americana.

Pero era más difícil olvidar que éramos pobres y pasábamos hambre. De noche, nuestros estómagos gruñían y el sueño nos eludía. El programa para refugiados cubanos que daba comida y otras provisiones a los exiliados aún no había comenzado. A veces esperábamos las sobras que mi papá traía del restaurante. De otra forma, subsistíamos de las pocas comparas que podíamos hacer, principalmente espagueti, atún y perros calientes. Yo era la cocinera designada, así que todos los días era espagueti con atún, espagueti con perros calientes en rueditas, o espaguetis solos. Los domingos, mi padre cocinaba una cena caliente que consistía de un pollo al horno con hojas de laurel. No sé quién le dio esa receta.

En una ocasión, en el supermercado A&P de la calle Flagler, vi a mi padre meter jamón y queso dentro de su camisa. Él nunca supo que lo vi robando comida, y nunca se lo mencioné. Cuando llegamos a casa, mis hermanas se lo devoraron con alegría. Yo, lloré hasta dormirme esa noche. Estaba enfadada con él y con nuestra debilidad. Estaba enfadad con mis hermanas por ser tan inconscientes. Y estaba enfadada conmigo misma por ser tan débil.

Algo había cambiado en mí. Ya no me sentía segura, especialmente de noche, cuando mi padre trabajaba. Y cuando llegaba del mercado con jamón y queso, temía que vinieran hombres uniformados a tocar a la puerta y llevárselo. Si sólo hubiese tenido la valentía de enfrentarlo y decirle que los adultos no se arriesgan así, ni arriesgan a su familia robando comida. Hubiese preferido quedarme con hambre.

Pocos años después, en el 1965, me mudé de la casa de mis padres. A los diecisiete, no aún la edad de la "libertad" de la que hablaban las muchachas en la escuela, me casé con el primer amor de mi vida, Amado. Con él, tuve la alegría de concebir tus hermanos Luis y Alex, y tu hermana Patricia. Amado tenía veintidós años más que yo, y por eso mi familia estaba indignada cuando anuncié mi intención de casarme. Mi madre le pidió al padre Julián que intercediera, pero no logró cambiar mis planes. Le dije que me escaparía para casarme clandestinamente si mi familia no aceptaba la boda. Al enfrentar ese dilema, él Padre Julián le aconsejó a mi madre que permitiera una ceremonia civil. Contrario a una boda católica, la ceremonia civil podía disolverse en cualquier momento, fue su razonamiento.

Así que me casé con Amado, un hombre muy dulce que había sido piloto en Cuba antes de escapar a Estados Unidos en el 1960. Me casé con una familia instantánea. Él era viudo con dos hijos, Amado Jr. de tres, y Eddy de un año. Amado había hecho planes de traer a los niños a Estados Unidos para que vivieran con nosotros. Luego, dos meses después de casarnos, me enteré que estaba embarazada. Y así estaba yo, a los diecisiete, embarazada y esperando a dos niños que llegaran de Cuba.

Era una carga grande a mi temprana edad, pero estaba feliz. Siempre había soñado con ser madre. Desafortunadamente, nuestras esperanzas de traer a los niños de Amado se desvanecieron cuando Estados Unidos rompió relaciones con Cuba. Estábamos destruidos. El golpe fue tan duro para Amado, que empezó a caer en el espiral descendiente de la bebida en exceso y todos los comportamientos destructivos que ello conlleva.

Gradualmente me di cuenta que mis padres detectaron algo en la personalidad de Amado desde el principio. Tal vez era alcohólico cuando me casé con él, y yo no lo veía. Amado, el hombre dulce del cual dependía, el hombre que me había dado el preciado privilegio de la maternidad, se había convertido en mi hostigador.

Unos años después de divorciarnos en el 1972, Amado controló la bebida y se convirtió en el padre bueno y amoroso que yo sabía que podía ser. Aunque estuve descorazonada al principio, tenía tres magníficas razones para ser feliz: Luis, Alex y Patti. A los veintitrés, tenía tres hijos. Cuánto apoderamiento te da el ser una madre joven y soltera. Tenía grandes expectativas y sentía que nada podía detener mi empuje por lograr mis sueños. Tenía tres trabajos distintos. Era agente de bienes raíces, secretaria legal y recepcionista en una oficina de médicos por las noches. Me prometí que mis hijos nunca pasarían hambre, ni sentirían miedo mientras estuviese viva. Gracias a mi arduo trabajo, los armarios de mis hijos estaban llenos de ropa y zapatos, y en nuestra cocina nunca faltaba la buena comida.

A pesar de mis largas horas de trabajo, encontraba el tiempo para hacer las cosas que debí haber hecho de adolescente. Por primera vez en mi vida, salí a bailar. Me iba de fiesta los fines de semana cuando Amado tenía a los niños. Disfruté la existencia despreocupada de los clubes nocturnos por un tiempo, pero empezaba a sentirme culpable. Poco a poco comencé a sentir que mi vida se iba a descontrolando. Tus hermanos peleaban como luchadores de lucha libre. Y tu pobre hermana, atrapada en el medio. Y también estaba Daisy, la niñera, demasiado buena para su propio bien. Parecía preocuparse más por sus pestañas postizas y su minifalda que en mantener el orden. El Dr. Spock ya no tenía más respuestas para mi situación. Sabía que tenía que darles a mis hijos un hogar estable, con una mamá y un papá. Pero también sabía que no sería fácil. Requeriría un hombre muy paciente y especial.

Entra entonces Ramiro Méndez, el hombre encantador de la fiesta de oficina.

A los tres meses mis hijos tenían un padrastro. Y años después, la liga Flagami Khoury tendría un nuevo entrenador auxiliar.

ocho

—

TALENTO NATURAL

Me encantaba verte pavonear por el campo de béisbol de Flagami. Tu gorra brillaba con estrellas de todo tamaño: pequeñas para los *hits* sencillos, medianos para los dobles y triples, y las grandes para los *homeruns* (cuadrangulares). Solo tenías que hacer el más mínimo contacto con la pelota y seis muchachitos salían corriendo, tropezándose unos con otros, enredados en los lazos de sus zapatos *cleats* mientras corrían las bases y se deslizaban sobre el plato en una nube color naranja. *¡Safe!* A los corredores les encantaba deslizarse sobre el plato solo por ensuciar sus uniformes y levantar suficiente polvo para fastidiarle la vista al *cátcher* (receptor).

Tú no eras rápido corriendo las bases pero tenías otras destrezas. Te destacabas por tus manos rápidas defensivas, un brazo fuerte para lanzar y tu precisión en el bateo. También tenías un conocimiento del deporte asombroso para un niño de tu edad. Pero tu velocidad al correr era tu debilidad, un hecho que en muchas ocasiones frustraba al punto del llanto. Si, anotabas sencillos y dobles, pero los corredores más rápido anotaban triples. Aun así, tu gorra estaba repleta de estrellas grandes y llevabas cada una con mucho orgullo.

Cuando tenías siete años, Flagami fue invitada a participar en un prestigioso torneo internacional de béisbol para niños en Ciudad Méjico. La Liga Olmeca, la liga de béisbol para niños más grande de la ciudad, sería la anfitriona. Más de cincuenta equipos competirían en diversas divisiones de edad. Flagami escogería un "equipo de estrellas" compuesto de sus mejores doce jugadores, más un alterno. Los mejores jugadores en cada grupo de edad eran lógicamente, los mayores. En nuestra división de 7 a 9, los niños de ocho a punto de cumplir nueve y los de nueve años, lógicamente eran escogidos primero. La edad tenía una ventaja muy grande, tanto física como mentalmente. Los de siete años como tú, no tenían gran oportunidad en cuestiones de torneos.

Pero ese año sucedió algo sorprendente: los entrenadores de tu división votaron para llevarte como el jugador alterno o suplente. Fue algo sin precedente llevar a un jugador tan joven. Tu papá y yo nos desbordábamos del orgullo. Pero no todo el mundo estaba contento. Los padres de los jugadores mayores que fueron incluidos estaban indignados. Convocaron una reunión para ventilar el asunto.

"No es justo. Después de todo, mi hijo es un jugador veterano," protestó uno de los padres, como si se tratara de las Grandes Ligas.

"Aquí algo huele mal – su padre, ¿no es uno de los entrenadores?" se quejó otro.

Otro de los padres hizo una amenaza directa. "¡Le voy a escribir al Comisionado Nacional de la Liga Khoury para protestar esto!"

La rabia en las pequeñas ligas es cosa de odio. Esta gente era patética. Tu padre y yo sentíamos vergüenza ajena cuando gritaban y susurraban.

¿Qué se creen ellos? Mi hijo es mejor que el suyo.

Daba pena ver ese comportamiento tan inapropiado, y por un tiempo disipó la alegría de tus logros. Pero la decisión se sostuvo y Ramiro "Toti" Méndez iría al Torneo Internacional Olmeca de Ciudad México con el equipo estrella de la División Atom de Flagami – con todos los gastos pagos. También se otorgaron uniformes y equipo nuevos para el equipo viajante.

Fuera del drama de las pequeñas ligas, te veías espectacular en tu nuevo uniforme, con las mangas y tu gorra repletas de estrellas. ¡Qué pequeño te veías al lado de los otros niños grandes! La anticipación nos tenía a todos tan ansiosos, que casi no dormimos en las semanas siguientes.

Durante las prácticas, hacías los ejercicios de segunda base, aunque sabíamos que no había mucha esperanza de que llegaras a jugar. El segunda base del equipo, Orestes, tenía ocho años y medio, y era uno de los mejores jugadores de Flagami. Al principio, tus compañeros del equipo estrella pretendían aceptarte, pero pronto no sólo te aceptaron, sino te respetaban. Tu actitud humilde y sin pretensiones les ganó el corazón. Esa siempre fue tu fortaleza, tu humildad, y los que tocaste tenían que darse cuenta.

Como no se esperaba que jugaras – salvo una lesión catastrófica a Orestes u otro jugador de posición – decidí no hacer ese viaje. Las diferencias entre Alex y tu padre se habían intensificado y los problemas ya eran serios, al punto de que Ramiro lo castigó por un mes – o tal vez por el verano completo. Me sentía dividida, pero me preocupaba dejar a Alex que ya era adolescente, con problemas de adolescente. Había estado metiéndose en problemas, y no podía arriesgar apartarme de su lado. Así que el viaje se planificó para tu padre y para ti.

Unas semanas más tarde, te llevé a ti y a tu padre al aeropuerto. El sólo ver tu equipaje me daba arrepentimiento. Quería ir con ustedes, pero ya había tomado mi decisión y no había marcha atrás.

Parada ante la ventana de la salida, vi tu avión despegar. Seguí sus luces hasta que desparecieron y me preguntaba si tú estarías mirando también.

Al día siguiente tu padre llamó antes de partir para la ceremonia inaugural. Prometió llamarme todos los días para mantenerme al tanto. "No te preocupes," me dijo, tratando de consolarme. "No te vas a perder nada. Hay pocas probabilidades que juegue." Pero algo me decía que por alguna razón te habían escogido contra todas las apuestas. Sabía que tendrías tu momento de gloria.

Esa noche, tu padre me llamó para contarme del día de apertura. Había equipos de diez países distintos. Tu División Atom había jugado su primer juego. Flagami perdió 6–1 contra un equipo de Puerto Rico. Estabas desconsolado. Traté de consolarte a larga distancia. "Reza esta noche Toti, y mañana todo saldrá mejor."

A veces las oraciones se contestan de manera peculiar.

Aunque era un niño, Orestes, el segunda base principal, era un jugador muy volátil. Parecía no entender el hecho de que un jugador tenía que tratar a sus entrenadores, opositores, fanáticos y árbitros con respeto. Durante el segundo juego del torneo, jugando contra un equipo de la República Dominicana, el niño perdió el temple después de poncharse. Lanzó su casco de la rabia y casi golpea al árbitro del plato en la cara.

Fue expulsado de inmediato del juego y recibió una suspensión de dos juegos. Frustrados, furiosos y apenados, los entrenadores buscaron un reemplazo en el banco. Como eras el único segunda base alterno del viaje, tú eras el substituto lógico.

Flagami perdía 3–0 cuando entraste al juego. Trotaste hasta segunda base con la cabeza erguida. Según la historia que contaba tu papá, se escuchaba un zumbido bastante perceptible desde las gradas. Todos pensaban que tal vez eras un bebé, demasiado joven para jugar el juego. Pero jugaste magistralmente la segunda base. Durante el próximo turno al bate, Flagami anotó dos carreras, pero todavía perdía por una.

Más adelante, durante la última media entrada de Flagami, el lanzador opositor se descontroló un poco y concedió dos bases a nuestros jugadores. Era tu turno al bate. Ahí estabas, en el plato, con dos hombres en base. Miraste fijamente al lanzador, alto y flaco, que parecía mucho mayor de sus ocho años, y le tiraste al primer lanzamiento decente. ¡Boom! Conectaste una línea directa al campo central para empujar las dos carreras en base y ganar el juego. Tus compañeros te cargaron a los hombros. Todos lloraban de alegría. Con un poderoso swing del bate, el controvertible alterno del equipo había ganado el juego.

Después de eso, tu padre me llamaba todos los días para narrarme cada jugada. Nos reíamos y llorábamos de felicidad. Luego, me acostaba en tu cama para admirar las estrellas y las nubes que habíamos pintado en el techo de tu dormitorio. Siete años atrás, pensamos que te habíamos rescatado, pero fuiste tú quien nos rescató a nosotros. Nos rescataste de la apatía, y le inyectaste entusiasmo y propósito a nuestras vidas.

Después de ese primer juego, tus entrenadores nunca te sentaron en el banco. En cada turno al bate, llegabas a base, por hit o por base por bola. Y jugaste una defensa impecable.

Flagami terminó con el tercer lugar en ese torneo. No logramos titulares, pero hiciste historia. Los entrenadores de todos los países te seleccionaron como Jugador Más Valioso de tu división. En el aeropuerto, una medalla de bronce colgaba de tu cuello de una cinta roja, azul y blanca. Y llevabas tu enorme trofeo pegado al corazón. Habías ido a México a jugar béisbol y eso mismo fue lo que hiciste. Demostraste que no ibas a vivir tu vida perdiendo el tiempo.

A tu llegada, la familia entera vino a la casa para felicitarte y tomarte fotos con tu enorme trofeo. Estabas muy emocionado con lo mucho que te habías divertido en el viaje, pero decepcionado porque tu equipo no había ganado el primer lugar. "El tercer lugar significa que perdimos la medalla de oro," nos dijiste. "La próxima vez vamos a ganar de verdad."

La temporada siguiente, tu padre paso de auxiliar, a ser el entrenador de tu equipo. Cada día parecía involucrarse más en tu entrenamiento. Patti, mientras, dejó su oficio voluntario como marcadora. "Ram", como le decía ella a tu padre, se había puesto muy exigente.

"Me grita y me hace pasar vergüenza," se quejaba. "Yo sólo quiero ver a mi hermano jugar."

Patti tenía razón. Tu padre se había vuelto agresivo y demasiado exigente. Empecé a preocuparme, especialmente cuando notaba que tú parecías triste cuando estabas a su lado. Traté de hablarle, pero eso sólo empeoró la situación. No quería escuchar. Argumentaba que si te trataba más suave, ibas a crecer "afeminado".

Parecía haberse convertido en otra persona. Estábamos apartándonos por ésa y otras razones. Los problemas con

Alex empeoraron – estaba fuera de control, rebelde, furioso, reprobando sus cursos y andando en mala compañía. Estaba volviendo locos a todos en la casa. Lo triste era que tu compañero favorito, tu hermano Luis, se había mudado a Nueva Orleans para estudiar en la Universidad de Loyola. Luis siempre tenía tiempo para ti. Te subía a los hombros y te galopaba por toda la casa.

No queríamos que se fuera, pero le planteó su caso a Amado y ganó. Me preocupaba por él, pero llegué a creer que un cambio de ambiente le vendría bien. Parecía estar deprimido y distanciado después de romper con su novia.

Desafortunadamente, un temerario accidente de auto cortó antes de tiempo la experiencia de Loyola de Luis. Amado lo trajo a casa y nunca volvió a estudiar fuera. Tu padre y yo no sabíamos qué hacer con él. Los cambios en su comportamiento nos confundían y nos asustaban. Tomó un tiempo, sin embargo, percatarnos que se acercaba una tormenta.

En ese entonces, tú no podías comprender lo que sucedía con Luis. Tú sólo estabas contento de tener a tu compañero de regreso en casa. Él era tu guía y fuente constante de información. Cada vez que yo no podía contestarte una pregunta, ibas a tocarle a la puerta a Luis. Para nosotros, todo había regresado a la normalidad. Además, estabas muy entusiasmado con tu octavo cumpleaños que se acercaba y no te fijabas en nada más.

Te encantaban tus cumpleaños, pero para mí era una época del año particularmente emocional. Cada año, la mentira pesaba más sobre mi alma. En noviembre de ese año 1987, tu padre y yo decidimos hacerte una fiesta por todo lo alto. Queríamos borrar la memoria de la fiesta de tu cumpleaños anterior, cuando contratamos al pavoroso Mr. Magique, un mago que reclamaba ser descendiente de Houdini. Ondeando su capa negra bajo luces ultravioleta, tuvo un encuentro bastante atroz con el conejo que trató de sacar de su sombrero. Casi lo estrangula con sus bufandas. Y la paloma que sacó parecía estar drogada, sino medio muerta. Nunca olvidaré la cara que pusiste, incrédula y pálida, cuando te llamó para que subieras a su escenario, iluminado a media luz, para que fueras el protagonista de su espectáculo de horror. Te paraste en la esquina del escenario aterrado, mirando fijamente los cuchillos y espadas de Mr. Magique. Ese día desarrollaste un tic nervioso en el cuello que te duró meses. Y esa noche tuve que dormir contigo.

Como consecuencia, no querías una fiesta para tu octavo cumpleaños. Pero yo estaba determinada a darte una de las fiestas más alegres posibles, para que pudieras crear memorias nuevas.

Fiel al estilo de los Méndez, me desbordé. Por varios días viste el ir y venir de los grandes preparativos. En la mañana de la fiesta, todos prendimos los motores. Con la ayuda de Luis y Alex, tu padre montó cientos de globos de helio. Yo te envié a casa de nuestra amiga Terry para que jugaras con su hijo Damián. No quería que vieras todos los camiones que traían las sorpresas.

Patti y yo decoramos la terraza y la piscina. Vestimos las mesas de azul marino, tu color favorito, y las adornamos con arreglos de globos multicolores, decorados con pelotas de béisbol y softbol. Flotamos una enorme balsa de globos y cintas en la piscina. Colgamos globos por todas partes, hasta en la calle para dirigir a los invitados a la casa del niño del cumpleaños.

Entonces empezaron a llegar los aparatos de montar. Alquilamos todas tus favoritas. Convertimos el patio entero, y hasta la cancha de tenis, en un parque de diversiones. Estaban los carros locos para chocar, los carritos para niñitos, y un trencito. Se infló una casa de brincos que se llamaba *He-Man's Castle Gray Skull*. Los trompos giratorios fue idea de Alex, aunque él ya era muy grande para montarlos. Pero sí podía montar la montaña rusa – sí, una montaña rusa. Parecía mucho más grande de la que quería alquilar, pero el operador me aseguró que era segura.

Entonces, en el mismo medio del patio, estaba tu preferida de todas: una estrella. Tenía que conseguírtela. Me acordé de lo que me habías dicho cuando montamos la estrella gigante de la Feria Juvenil del Condado de Dade: "Todo luce tan pequeño dese aquí arriba. ¿Crees que podré tocar el cielo cuando sea grande?"

Tú no eras temerario y no te gustaba el vértigo que causaban los aparatos de diversión más nuevos. Pero la estrella ya era más tu estilo.

Más pegado a la casa, cerca de la cancha de tenis, había todo tipo de juegos –una pistola de aire para disparar al blanco, un juego de dardos para reventar globos, y otros kioscos ruidosos que sonaban campanas. Hasta teníamos máquinas de hacer algodón de azúcar y rositas de maíz. Y como si fuera poco, teníamos el famoso tanque de remojo, donde caía el que estaba sentado sobre el agua cuando se daba en el blanco. Eso mantendría divertidos a los adultos por horas.

Sé que esto fue una exageración. Tu mirada de asombro cuando llegaste lo decía todo. Sabía que ese tipo de exuberancia te incomodaba un poco. Ese día, no podía culpar a tu padre por esta espléndida extravagancia – fui su cómplice dispuesta. Como madre tuya, tome la decisión ejecutiva de darte la fiesta más grandiosa que jamás hubieras visto, y estaba determinada a que te divirtieras al máximo.

Vinieron más de cien personas. Te obsequiaron tantos regalos, que días después llevamos la mitad de ellos como donación, a las víctimas de inundaciones en la República Dominicana.

Nuestras amigas Terry y Betty se habían prestado de voluntarias para sentarse en el tanque de remojo. El operador nos había dicho que se requería mucha destreza y fuerza de brazo para dar en el blanco. Así que pensamos que Terry y Betty sólo se mojarían un par de veces. Pero no habíamos considerado que la mayoría de tus amigos eran jugadores de béisbol, y que la mayoría de sus padres eran entrenadores o ex jugadores también. Así que el tanque de remojo se convirtió en el punto más popular del día. Todos estaban en línea esperando mojar a Terry y Betty. Y las mojaron de mil maneras. Al final, por consideración hacia Terry y Betty, le pedimos al operador que cerrara el juego. Después de todo, era noviembre y el agua no estaba muy tibia que digamos.

Ese día te vi tan feliz como jamás haya visto niño alguno.

Pero esa noche, después de que se fueran los invitados y se llevaran las aparatos de diversión, me hiciste una pregunta que me encogió el corazón. "¿Mami, a quién yo me parezco?

—

nueve

EL SECRETO

Fue una pregunta inocente, pero una que temía hacía ya tiempo.

"¿A quién yo me parezco?" preguntaste. "Tú dices que me parezco a Papi, pero no. Él es bajito y su cara no se parece a la mía para nada."

Sabía por qué estabas preguntado eso ahora. Escuché a un niño durante tu fiesta preguntarte lo mismo.

"¿Por qué tú eres tan alto y tu papá tan bajito?"

Ahora me preguntabas a mí y yo buscaba una respuesta. "Te pareces a todos nosotros – a Patti, Alex y a mí. Eres alto porque la altura corre del lado de mi familia. Pero estás bendecido con las cejas y la sonrisa de tu padre."

Estabas intrigado.

"Deja ver."

Te seguí cuando corriste al espejo a mirarte.

"¿En qué más me parezco a Papi?"

Nuevamente busqué las palabras. "Tus dedos y tus uñas. Son igualitas a las de tu padre. También tienes su cerebro y astucia, y sus destrezas atléticas."

"¿Pero de verdad que me parezco a él?"

"Yo creo que te pareces más a Alex," me inventé.

Eso era sorprendentemente cierto. Ambos tenían la misma piel blanca y ojos color avellana, y aunque naciste con pelo rojizo, ya era marrón claro, como el de Alex.

"Sí, te pareces más as Alex," repetí con aire de confianza.

Pero eso no era lo que debí haberte dicho. Debí haberte dicho la verdad. Tal vez no en ese preciso instante, pero debí habértela dicho. Debí haber sido articulada y sabia, y sobre todo valiente para decírtela. Debí haberme sentado contigo, rodeados del amor de nuestra familia, y debí contarte la hermosa historia de cómo llegaste a nuestras vidas. Debí decirte que te amaba aún antes de verte, y que mi amor por ti era tan grande que viajé grandes distancias para escogerte. Yo te escogí. No fuiste un accidente. Naciste en el amor. Y ahora pienso que eras tan sabio para tu edad, que hubieses entendido, y tal vez hasta abrazado tu identidad.

Pero por muchas razones, no te dije entonces todo lo que te estoy diciendo ahora, los hechos relativos a la verdad de nuestra familia. Quería protegerte. No quería que te sintieras abandonado. No quería perderte. Por años he sufrido en silencio. Nunca quise que un secreto se interpusiera entre nosotros, sin embargo yo guardaba de ti el secreto más importante. Me desgarraba el alma cada día de tu vida.

Por favor perdóname.

* * *

Cuatro años después de que tu padre y yo nos casáramos, establecimos varios negocios muy exitosos en el campo de los equipos médicos. A pesar del éxito en el trabajo, y lo bien que

Ramiro se llevaba con tus hermanos, algo faltaba en nuestro matrimonio. Él había cambiado de aquel hombre dulce que conocí, a una persona difícil y temperamental. Sabía que estaba frustrado porque no podía tener lo que más quería en la vida, un bebé.

Desafortunadamente, nunca pude caer en cinta luego de haber tratado por años. Ramiro fue al médico para hacerse las pruebas pertinentes. Los resultados confirmaron nuestro temor – era estéril. Aunque tú nunca supiste eso, tu padre había estado casado dos veces anteriormente. Ambos matrimonios cortos, y sin hijos. Trató de llenar su vida con mis hijos, y los quería a todos muchísimo. Pero no podía borrar su tristeza. Con el tiempo, compartí su tristeza.

Un día, tu padre y yo tomamos una decisión que cambiaría nuestras vidas. Decidimos adoptar un bebé. Mi corazón se llenó de alegría. La posibilidad de experimentar nuevamente la maternidad desde el principio era como un sueño.

Tratamos todas las agencias locales, y todas nos rechazaron.

"Sr. y Sra. Méndez," nos dijo un consejero. "Veo aquí que ustedes ya tienen tres hijos."

"Sí, los tenemos."

"Sra. Méndez, en Estados Unidos hay un sinnúmero de parejas sin hijos, y no hay suficientes niños para adopción. Una pareja con tres hijos no sería una prioridad para nosotros en este momento."

Luego de varias semanas de entrevistas e investigaciones fútiles, el sueño desvanecía. Entonces supe de una pareja que había adoptado en España.

España.

Parecía tan lógico, tan natural. Después de todo, tanto tu

padre como yo éramos de descendencia española. Esto nos daría la oportunidad de reafirmar nuestras raíces.

Con eso, seguimos adelante a toda máquina. Hicimos las investigaciones de rigor y toda la papelería. Cuando estábamos listos, volamos a España a buscarte. De ahí en adelante, el destino se encargó de nosotros.

Llegamos a España a una cena deliciosa con un exquisito Rioja, y un espectáculo flamenco tradicional. Pero esa primera noche estaba impaciente. No estábamos ahí de turistas. Casi no dormí esa noche.

Al día siguiente comenzamos lo que sería una larga y ardua travesía en la tierra de nuestros antepasados. Nos habían dicho que esperáramos dificultades. La pareja que había adoptado su hijo en España nos advirtió que ese país desalentaba las adopciones por parte de extranjeros. España protegía a sus bebés como preciados recursos naturales. El permitir que se llevaran a bebés de España suponía dejar al país sin futuro. Querían que sus hijos se quedaran en la tierra de Castilla.

Al gobierno español no le importaba que algunos de estos niños crecieran en orfanatos. Éstos eran hijos de España.

Había hecho mis investigaciones y estaba lista. Traje cartas de recomendación del Consulado de España en Miami, como también de curas españoles de mi parroquia. También tenía una carta que escribimos tu padre y yo explicando que queríamos un niño español porque ambos éramos de descendencia española. Nuestro hijo se criaría conforme a nuestras tradiciones españolas y, por lo tanto, crecería como español.

Al día siguiente, nuestra primera parada fue la sala de maternidad de uno de los hospitales más grandes de Madrid. La trabajadora social que conocimos era una monja de cara redonda y dulce, que te estrechaba la mano con fuerza.

"Hay una larga lista de espera," nos informó. "Debemos dar prioridad a nuestros ciudadanos en Madrid. Tenemos muchas parejas sin hijos que agonizan por tener un bebé."

Obviamente, ella pensaba que no estábamos siendo justos, pero a mí no me importaba lo que pudiera pensar. No íbamos a permitir que ella ni nadie nos desalentaran en nuestra misión. Simplemente necesitábamos encontrar la situación indicada.

Esa mañana visitamos dos hospitales más y luego tomamos un receso para almorzar. No teníamos opción – todo el mundo en España recesa para el almuerzo. El almuerzo en España es sagrado. La gente se va a su casa, y las tiendas y negocios cierran por dos horas. A las dos de la tarde, retomamos la búsqueda. Seguimos ese mismo itinerario el resto de la semana. Llenamos formularios y contestamos preguntas, y cada vez recibíamos la misma respuesta que recibimos el primer día. Algunas de las instituciones nos pusieron en lista de espera, pero nos indicaron que la espera podría tomar meses, sino años.

Una vez terminamos con la lista de hospitales, visitamos clínicas de maternidad privadas, incluyendo algunas en los vecindarios de lujo a las afueras de Madrid. Cada día, nos sentíamos más desilusionados, pero cuando veíamos un coche en una de las plazas, se reanudaba nuestra esperanza.

En una de las últimas clínicas que visitamos, tuvimos nuestra primera esperanza. Una trabajadora social ahí nos dio un consejo: "Han venido al lugar equivocado. En Madrid, las mujeres están muy instruidas en cuanto a métodos contraceptivos. Tienen que ir a las regiones de España donde hay menos recursos."

Sugirió que fuéramos al norte de España, donde hay muchas minas de carbón. "A veces," nos dijo ella, "las mujeres dan a sus hijos en adopción porque ya tienen mucha cría que alimentar."

Al día siguiente, partimos para Oviedo.

El día luego de nuestra llegada, visitamos el Hospital de los Mineros en un pueblo cercano. Es fue la mañana que vimos el famoso Hotel Ramiro I. Y fue la mañana que nos topamos con la larga casa blanca con las rosas hermosas. Esa casa tenía algo que me llamaba, pero aún no entendía qué.

Continuamos por las afueras de la ciudad, donde visitamos un hospital grande y moderno que había sido construido para los pueblos mineros colindantes. Esperamos en un recibidor frío, lleno de muebles plásticos y paredes en blanco. Nos llamó una trabajadora social joven y muy amigable. Pareció entender la situación de inmediato y nos dijo que había colocado a varios niños en hogares adoptivos, pero que éramos los primeros extranjeros en acercárnosle. Tomó nuestros datos y nos puso en una lista de espera. Dijo que nos llamaría a Estados Unidos de surgir algo. No parecía estar muy confiada, pero sí mostraba simpatía. De hecho, nos mencionó que conocía un lugar muy discreto donde las madres solteras, incluyendo estudiantes de la universidad de Oviedo, iban "a resolver su problema."

Mostraba un poco de reserva tratando de evadir el tema del aborto, que era prohibido, tanto en España como por la Iglesia Católica. Dijo que sospechaba que algunas madres pudieran dar sus hijos en adopción ahí. Escribió el nombre y dirección de la clínica de maternidad privada, y nos dio el nombre del médico. Mi corazón latía de anticipación, mientras le agradecíamos su gestión y regresábamos al taxi.

Le dimos el papel al conductor mientras el auto partía. Al pasar las mismas colinas, viramos por la misma carretera serpenteante que habíamos tomado antes. Estaba tan ocupada disfrutado las vistas que no me había percatado que el conductor había reducido la velocidad y entraba por la entrada de una casa.

Cuando anunció que habíamos llegado y levanté la vista, no lo podía creer. Era la casa larga y blanca con las rosas. Era la clínica de maternidad privada de un obstetra prominente: el Dr. Aguilera.* Le indicamos a su enfermera ayudante que habíamos venido de Estados Unidos para verlo. En quince minutos estábamos sentados frente a su escritorio.

El Dr. Aguilera era calvo, de mediana edad, bajo y robusto. Parecía un hombre recién llegado del country club, y sus espejuelos redondos de marco dorado le daban un aire intelectual.

Unos ojos intensamente azules se veían detrás de sus lentes. Nos recibió muy cordialmente, pero parecía que no sabía qué hacer con sus manos pequeñas que estaban frías y nerviosas. Tu padre estuvo callado, esperando a que yo hablara.

"Vinimos a España a adoptar un hijo," le dije.

"En el Hospital de los Mineros sugirieron que tal vez usted podría ayudarnos."

Hizo una pausa.

"¿De qué parte de Estados Unidos son?" preguntó.

"Miami," le respondí.

El Dr. Aguilera giró en su butaca para mirar por la ventana. Sus manos, ya más relajadas, reposaban sobre los brazos de su butaca de cuero. Parecía estar practicando su monólogo en silencio. Giró de nuevo para darnos la cara. Me alivió ver que sonreía. Entonces pronunció las palabras por las cuales habíamos viajado miles de millas y siglos de historia española:

* Los Nombres de los Médicos usados en este libro son todos ficticios.

"He colocado muchos niños en hogares adoptivos en México, Sudamérica y algunos en Estados Unidos también."

Se levantó de la butaca, metió las manos en los bolsillos y se dirigió a los archivos. Abrió una gaveta profunda y pesada de dónde sacó un álbum de fotos.

"Estos son algunos de mis niños, y estoy muy orgulloso de haber ayudado a estas familias a lograr su felicidad."

Nos presentó un grueso álbum repleto de fotos de bebés sonrientes.

Mientras hojeábamos el álbum, tu padre finalmente habló: "¿De dónde vienen estos bebés?" preguntó.

El Dr. Aguilera explicó que muchas de las estudiantes de la reconocida universidad cercana venían a él porque querían manejar sus embarazos inoportunos con extrema discreción. La mayoría de estas estudiantes venían de buenas familias católicas, y querían mantenerlo todo en secreto para no manchar el nombre de sus familias.

Si un bebé se hiciera disponible, sólo tendríamos que pagar los gastos médicos de la madre – en dólares americanos, claro está.

"¿Tiene bebés disponibles ahora?" le pregunté. "Estamos dispuestos a quedarnos el tiempo que sea necesario para completar el proceso."

Al igual que nos dijeron en otros hospitales, había una lista de espera, pero ahí no parecía terriblemente larga.

"Les tengo varias posibilidades, pero todas están en las etapas tempranas de embarazo," nos dijo.

No podía creer lo que estaba escuchando. Este médico nos estaba dando esperanzas. No nos estaba poniendo el argumento de España primero. De hecho, sugirió que sería de beneficio que los bebés salieran del país.

"Díganos qué tenemos que hacer," dijo tu padre.

"Voy a tomar sus datos ahora, y regresen a casa a esperar. Pero una vez que los llame, tienen que regresar de inmediato," nos indicó el médico.

"¿Cuándo cree que sea eso?" le pregunté.

"Depende de muchos factores," respondió.

Nos dio un pedazo de papel y comenzó a hacernos las preguntas de rigor: nombre, dirección, ocupación, religión, números de teléfono, referencias personales, y todo eso.

Entonces hizo la pregunta que me paró en seco.

"¿Prefieren un niño o una niña?"

Tu padre y yo respondimos simultáneamente, pero no contestamos lo mismo.

"Un niño," dijo él.

"Da lo mismo," dije yo.

El Dr. Aguilera nos dijo que tenía que seguir atendiendo sus pacientes.

Y con eso, todos nos levantamos y nos estrechamos las manos. Las manos del médico ya no estaban frías. Parecían cálidas y reconfortantes.

Salimos de la clínica y llamamos al taxi. Lloviznaba, pero me parecía un día perfectamente soleado. Estaba tan contenta. Estaba haciéndose realidad. Le eché un vistazo a la clínica, esa encantadora casa, y le di gracias a las rosas.

El taxista nos recomendó un restaurante para almorzar llamado *La Gruta*. Era un lugar precioso, al borde de un acantilado, con vista al valle. Las vista era espectacular y el almuerzo increíble. Nos saboreamos dos platos de fabada, la sopa de alubias blancas más típica de Asturias. La había probado en muchísimas ocasiones en restaurantes españoles en Miami, pero esta fabada era algo sin igual. Como plato principal, tu padre ordenó el solomillo y yo la merluza. Terminamos repletos. Aun así, la tentación de celebrar con arroz con leche era demasiada – el arroz con leche era una de las especialidades de la región.

Durante los próximos días, visitamos más hospitales y clínicas de maternidad privadas por toda Asturias, manejando por las montañas de "los Picos de Europa" y sus llanuras. Viajando tierra adentro, sabía que esta tierra famosa por su mantequilla dulce, sidra espumosa y fragante queso de cabra también me daría mi hijo.

★ ★ ★

La silueta de los edificios de Miami brillaba en el horizonte a medida que nos acercábamos al Aeropuerto Internacional de Miami. Luego de pasar por aduana, tus hermanos nos recibieron, desbordándose de emoción y preguntas:

"¿Dónde está el bebé?"
"¿Trajeron al bebé?"
"¿Es niño o niña?"
"¿Ya tiene nombre?"

Nos tomó tiempo explicar que esto es un proceso que requiere mucha paciencia y que Dios ya tenía su plan maestro. El bebé llegaría cuando fuera Su voluntad. Esta pareció ser la única manera de apaciguarlos, y agradecí las enseñanzas católicas de la Escuela Elemental Santa Teresita por darles a mis hijos fe y confianza en la voluntad del Señor.

Tan pronto llegamos a Miami le escribí al Dr. Aguilera. Le dije que esperábamos con ansias, y le pedí que por favor nos dijera si había algo que tuviésemos que enviar. También lo llamamos varias veces. Su respuesta fue siempre la misma.

"Hay un par de posibilidades, Les dejaré saber."

Compramos tu cuna y pintamos tu habitación con nubes. Decidimos que compraríamos la mayoría de tu ajuar de recién nacido en España, pero aun así, tu padre y yo íbamos mucho de compras para tus cosas.

Fuera de la emoción de las compras, los días de ese verano pasaron lánguidamente. Teníamos los juegos de béisbol de los muchachos y las clases de guitarra de Patti. Tu padre actuaba como si fuese un año normal, pero yo me ponía más impaciente cada minuto. Me preocupaba por ti. ¿Estarías bien? ¿Qué tipo de embarazo tendría tu madre? ¿Estaría ella triste? ¿Escucharías tú palabras de amor y música suave, o sentirías rechazo?

No podía esperar a tenerte en mis brazos y decirte que todo estaría bien. En mis sueños, te veía llegando a este mundo en un cuarto blanco, antiséptico y frío. El único partícipe de la ceremonia era un hombre sin cara, con espejuelos de metal, parado ahí en su larga bata blanca. Claro está, sabía que era el Dr. Aguilera. Desde afuera, miraba a la sala de parto y tu madre no estaba ahí. Trataba de entrar, pero no podía. No podía abrir la puerta. *"Espera mi niño,"* gritaba, *"Ya llego."*

Tus hermanos me tenían loca con preguntas que no podía contestar, y ya daba gracias porque el verano estaba por terminar.

Nuestro negocio de equipos médicos me mantenía ocupada durante el día, pero en las noches, iba a tu habitación a rezarle a mi nueva amiga, La Santina, por tu bienestar.

Llamaba al Dr. Aguilera todas las semanas, y la imprecisión de sus respuestas me desesperaba. Siempre era muy cordial, pero distante. Sabía que si tú ya estabas de camino cuando lo vimos en junio, entonces llegarías para el otoño o principios de invierno. Teníamos todos los documentos listos, y el equipaje hecho a medias.

En la mañana del 1ro. de noviembre, mientras me preparaba para ir a trabajar, sonó el teléfono. "Llegó el bebé," anunció el Dr. Aguilera.

Su próxima pregunta me agarró por desapercibida, y me perseguiría por los próximos veinte años:

"¿Desea un niño o una niña?" preguntó, tal y como había preguntado anteriormente.

Le respondí sin vacilación: "Un niño."

"Muy bien. Recuerden lo que les dije. Tienen que venir de inmediato. Tomen el primer vuelo."

Tu padre estaba en la ducha y podía oírme gritando. Se estaba cumpliendo, Toti, ya eras una realidad.

Nos apresuramos para comprar el boleto de avión e ir al banco. A pesar de la urgencia, me alegré que el vuelo estuviese lleno ese día. No quería irme sin decirle adiós a Luis, Alex y Patti, pero sí logramos un vuelo al día siguiente.

Tus abuelos paternos, Ramiro y Rosa, se quedaron con los niños en este viaje porque sabían que tomaría tiempo completar el proceso de adopción – meses, nos habían dicho. ¿Estarían bien los niños estando nosotros fuera tanto tiempo? ¿Era justo dejarlos así? Las dudas de último minuto y el cargo de conciencia me pesaban y abrumaban, pero mi amor por ti había crecido, y el saber que estabas solo esperándome me daba fuerzas. Partimos al día siguiente.

Entre el largo viaje y el cambio de hora, llegamos a Madrid temprano en la mañana del día 3 de noviembre. Tomamos el próximo vuelo de conexión hasta Oviedo y llegamos ahí al mediodía.

El invierno hacía su entrada triunfal. Oviedo estaba empapado de una lluvia constante de hacía varios días. Tu padre y yo no nos sentíamos bien. Ambos teníamos catarro, que pareció empeorarse con el viaje trasatlántico, y no estábamos preparados para las temperaturas bajas. Insistí que nos quedáramos en el Hotel Ramiro I. Ya sabíamos que eras niño y que te llamarías Ramiro III. Algún día vendrías aquí, pensé, con tu propio hijo, Ramiro IV, y te quedarías en este mismo hotel. Le crearías recuerdos, y yo tenía la esperanza de estar ahí contigo.

Entregamos el equipaje y pedimos la mejor habitación que tuvieran disponible. Imaginé que estaría viviendo ahí durante el tiempo que requiriera el proceso de adopción. Tu padre y yo ya habíamos decidido que si tomaba meses, él regresaría a Miami y yo me quedaría para completar el proceso. La habitación no estaba lista, así que dejamos las maletas con el botones.

Tu padre y yo nos abrigamos bien y hasta nos pusimos bufandas, y tomamos un taxi hasta la clínica. Subimos la misma carretera zigzagueante que había sido parte de mis sueños de verano. El taxi llegó a la clínica, y la lluvia ya había cedido dándole paso a un arco iris en el valle.

En la clínica, una enfermera nos recibió y nos llevó hasta el despacho del Dr. Aguilera. Afortunadamente, la calefacción estaba prendida. El calor y el silencio del lugar empezaban a adormecerme, pero pronto las pisadas del Dr. Aguilera me despertaron. Cuando lo vi, crucé el salón para abrazarlo en agradecimiento. Sus hombros eran fuertes, y sus manos suaves y cálidas. Vi sus ojos brillar cuando bajó la cabeza para limpiar sus espejuelos con la corbata.

"Tengo prisa," nos dijo. "Tengo que ir esta tarde a Madrid. Vamos a verlo y entonces hablamos."

Tenía la mente llena de preguntas, pero estaba loca por verte. El Dr. Aguilera nos llevó por un largo pasillo frío. El olor antiséptico y las paredes cubiertas de losas, le daban el aspecto de una sala de operaciones. La clínica sólo tenía un piso. Las mujeres ocupaban algunos de los cuartos, pero la mayoría estaban vacíos. Me preguntaba si tu madre aún estaba ahí.

Había silencio. Hasta las enfermeras susurraban al pasar. Pasamos dos puertas de madera y entramos a un salón con una vista espectacular del valle. Cuando me fijé, me di cuenta que estábamos en la guardería. En lugar de incubadoras o cunas, había cestas. Te busqué desesperadamente, pero había pocos bebés. Entonces el Dr. Aguilera nos llevó a la parte posterior, donde había una enfermera lavando botellas y teteras en un viejo fregadero. Me acordé del esterilizador de botellas que tenía en la maleta en el hotel.

El Dr. Aguilera entonces le dijo algo al oído a la enfermera. Ella te sacó de tu cesta y te elevó. Tu padre brincó hacia ti. Yo me quedé unos pasos atrás para permitirle a él ese primer instante contigo, un momento que ha quedado como uno de los más hermosos de todos los marcadores que he guardado en la bóveda de mis sueños hechos realidad.

Lo miraste con tus grandes ojos azules.

3 de noviembre de 1979.

Te acurruqué en mis brazos y me quitaste el aliento.

"Vámonos a casa, Ramiro," te murmuré. "Tus hermanos te esperan."

Con pocas ganas, te devolví a la enfermera luego de que te durmieras en mis brazos. Regresamos al despacho del Dr. Aguilera. Le preguntamos al doctor si había alguna manera de llevarte a casa durante el proceso de adopción.

El Dr. Aguilera giró en su ya conocida butaca de cuero y parecía estudiar las nubes que cubrían las montañas. Parecía estar memorizando sus formas. Le tomó un tiempo contestar nuestra pregunta. Pero cuando lo hizo, su respuesta nos dejó atónitos: "No hace falta un largo proceso de adopción. Creo que lo mejor para el niño es que se lo lleven de inmediato y que nunca le digan que fue adoptado."

No entendía. Pensé que era el catarro.

"¿Cómo podemos llevárnoslo sin adoptarlo?", pregunté.

El Dr. Aguilera abrió un archivo y sacó una hoja de papel.

"La madre ya firmó un documento privado en el que renuncia a todos sus derechos como madre. Esos derechos ahora son suyos.," dijo. "Le daré a usted el acta de maternidad del hospital a su nombre. La fecha de nacimiento del niño será hoy, el 3 de noviembre de 1979. Y su cónsul le dará la ciudadanía americana de inmediato."

No podía comprender la magnitud de sus palabras. No podía ser tan fácil.

"¿Dónde está la madre?" pregunté, "¿La vamos a conocer?"

El semblante del Dr. Aguilera cambio mientras nos decía que la madre ya se había ido de la clínica y que era mejor que no la conociéramos. Pregunté de tu nacimiento y la salud de ella, y él nos aseguró que todo había salido bien. Nos dijo que ella estaba en sus veintes y en perfecta salud. Era estudiante de la Universidad de Oviedo, de una familia muy prominente del poblado de León, justo al sur de Oviedo. No quería que nadie supiera de su embarazo, especialmente su padre. Habías nacido temprano, así que el Dr. Aguilera esperó unos días a que te pusieras más fuerte y aumentaras de peso.

"¿Y qué hay del padre?" preguntó tu padre.

"Lo único que sé es que también es estudiante de la Universidad. Nunca lo he visto, pero entiendo que es de aquí, de Asturias."

El Dr. Aguilera escribió algo rápidamente en el archivo. Me daba cuenta que ya quería irse. Nos entregó los gastos médicos de tu madre, incluyendo el parto, que eran mucho menos de lo que esperábamos. Con gusto pagamos en efectivo en dólares americanos.

"Ella debe estar destruida," le dije. "¿Está seguro que no podemos darle las gracias en persona?"

"Es mejor que usted y su esposo se olviden de ella. Usted es su madre ahora."

El Dr. Aguilera le dio a tu padre los papeles para presentar en el Registro de Nacimientos y en el Consulado Americano. Nos dijo que podíamos dejarte en la clínica el tiempo que fuera necesario. Antes de irnos de España, teníamos que inscribirte como ciudadano español, y luego como americano nacido en el extranjero. Nunca perderías tu ciudadanía española, el médico nos aseguró.

"Por favor, déle las gracias por el regalo que nos ha dado," le dije.

El Dr. Aguilera me miró con impaciencia. "Ella no tiene idea de quién es usted, ni tan siquiera ha visto al niño, así que no se preocupe por eso. Llévese su bebé a casa tal si usted lo hubiese parido. Disfrútelo. Esto es una cuestión sencilla, no hay por qué complicarla."

Ramiro y yo nos miramos cuando el Dr. Aguilera salía del

salón. ¿Eso fue todo? Después de tanto sufrimiento y cuestionamientos, ¿podíamos llevarte a casa así como si nada?

Para no tentar al destino, tu padre y yo decidimos llevarte de inmediato. Seguimos a la enfermera hasta el final del pasillo, y fui directamente a la esquina donde estaban las cestas. Vi tu pelito rojizo y tus orejitas mientras dormías. Me doblé, lista para darte un beso, cuando la enfermera, que cargaba otro bebé, me interrumpió. "Ése no," me dijo, "A menos que quiera llevarse la niña. Tenga aquí, éste es el niño. Éste es el suyo."

No me percaté en ese instante, pero por años estuve obsesionada con las palabras de la enfermera. ¿Qué quiso decir cuando dijo "la niña"? Llegué a creer que los dos bebés, en cestas uno al lado del otro, eran gemelos. Eras un gemelo. Al menos eso fue lo que llegué a creer. Pero la emoción de ese día pudo haber dilatado mi razonamiento. Yo sólo quería saber lo más posible de tu madre materna y sacarte de ahí. Siempre he lamentado no haberle preguntado más a la enfermera ese día sobre la niña. En vez, me puse a chacharear con ella sobre ti. Parecía muy amable y sorprendentemente habladora, que vino bien porque tenía muchas preguntas sobre ti.

"¿Conociste a su madre?", le pregunté.

"Era una chica muy guapa, rubia y muy alta, como una modelo."

"¿Estaba triste cuando lo entregó?"

Las palabras de la enfermera me partieron el alma.

"Ésa, ésa era algo serio," me dijo. "Ni siquiera quiso verlo. Al día siguiente, se maquilló, se pintó los labios y llamó a su novio para que viniera a buscarla. He visto a muchas chicas ir y venir, pero ésta tenía el corazón de hielo. Me dicen que es de una familia acaudalada de León y que el padre es de aquí, y creo que es jugador de jai alai."

Estaba a punto de decirle que nos habían dicho otra cosa, pero era mejor no interrumpirla.

"Cuando él vino a recogerla, le pregunté si quería visitar la guardería, pero dijo que mejor no. Un chico guapo, de buenos modales," dijo la enfermera.

Nos dijo que habías nacido prematuro, pero que ya pesabas siete libras y tres onzas. Pregunté en qué día habías nacido, y señaló a un calendario para mostrarnos la fecha aproximada – el 22 o 23 de octubre, en la noche. O tal vez fue el 24.

"No estoy muy segura," dijo ella.

Miré los papeles que Ramiro tenía en la mano donde decía "Fecha de Nacimiento". El Dr. Aguilera había puesto el 3 de noviembre. Para todos los efectos, habías nacido ese día, el día que te llevaríamos a casa. Nunca supiste el verdadero día de tu nacimiento, y creciste pensado que habías nacido en el mes de Escorpio, como yo. Pero en realidad eras un Libra, como tu padre.

Mientas hablaba con la enfermera, me daban ganas de llorar. Quería decirte ahí mismo que lo sentía mucho. Quería encontrar a tu madre y exigir una explicación. ¿Cómo podía hacerte eso, mi bello Príncipe? ¿Cómo podía dejare así, sin tan siquiera abrazarte una vez? ¿Cómo podía yo guardar secretos tan potentes? Prometí amarte tanto, que jamás te sentirías rechazado. Te amaría tanto, que borraría cualquier dolor. Nadie te haría daño jamás. Ahora estabas seguro. Nadie te abandonaría nunca. Te irías a casa con nosotros de inmediato.

Agarramos un poco de leche y una sábana, y nos fuimos en el taxi. De camino al hotel que llevaba tu nombre, dormiste en los brazos de tu padre.

$$\star \; \star \; \star$$

La ropa que te habíamos traído era muy grande, y hacía más frío del que esperábamos, así que le pedimos al taxi que parara en una boutique para niños que habíamos visto en la Calle Uria. Mientas tu padre esperaba contigo en el taxi, entré a la tienda y compré todo lo que parecía ser tu talla, además de pañales desechables, cremas, y un suéter tejido con su gorrito. También compré un cargador para llevarte en el avión. A sugerencia de nuestro pediatra en Miami, había comprado cajas de fórmula americana para bebés en botellas desechables, que ya estaban en el hotel esperándonos. Así que sólo necesitábamos ropa y pañales. Metí todo en el baúl del taxi y partimos al hotel a pasar nuestra primera noche contigo.

Esa noche no dormimos. Como la fórmula española era en polvo y no podíamos hervir agua en el hotel, te dimos la fórmula americana, tal y como nos había instruido nuestro pediatra. El cambio de leche te causó diarrea, y por la diferencia en tiempo, tuve que esperar al día siguiente para llamar al médico en Miami. A las 3 p.m. del día siguiente serían las 9 a.m. en Miami. Esperé impacientemente y finalmente llamé. Nuestro pediatra de Miami nos dijo que siguiéramos dándote la leche americana, pero que te lleváramos de inmediato a un pediatra español para que atendiera tu diarrea.

Mientras tanto, casi ni podía respirar. Mi catarro empeoraba y tu padre parecía estar confundido con los documentos que había que procesar antes de tu partida. No habíamos anticipado que todo sucediera tan fácil y rápidamente en España. Tu padre regresó a la clínica para ver si podían localizar al Dr. Aguilera. El doctor no nos había dado los papeles de adopción ni el documento que había firmado tu madre. Deseaba cumplir la promesa de visitar la Virgen de la Covadonga, pero la lluvia no paraba y pensé que no sería prudente hacer ese viaje.

Tu padre regresó con el acta de nacimiento en mano y me dijo que partíamos para Madrid al día siguiente. Me dijo que el Dr. Aguilera no estaba y que nosotros tres nos iríamos a Madrid a completar la documentación en el consulado.

Volamos de Oviedo a Madrid una fría noche de noviembre. Era una noche perfecta para chocolate caliente, la bebida caliente más deliciosa de España. Nunca había experimentado un frío así – ni en Miami, y ciertamente no en Cuba.

Durante los próximos días, vi a tu padre entrar y salir del hotel, mientras que yo dormitaba. Trataba de completar toda la documentación, pero yo me quedaba en el hotel alimentándote y tratando de recuperarme del terrible catarro. Salimos una mañana en que el sol se colaba entre las nubes para tomarte la foto del pasaporte. Me percaté que la función del sol en un clima tan frío se limita estrictamente a sacar a la gente de la cama. Pero una vez que sales y estás a su merced, conspira con el viento y se esconde. Luego de arroparte bien, y darme una buena dosis de chocolate caliente, logré nuestra misión. Tu pasaporte te describía como español, pero nos dirigíamos a tu primer hogar verdadero en Miami, donde te esperaban tus hermanos y un dormitorio pintado con nubes.

diez

—

CAOS

Las memorias son algo curioso. Llegan vagando y de repente se aclaran para crear una imagen asombrosa. Pero son silentes. Lo sé porque son mis compañeras constantes. Son todo lo que tengo de ti. Me pierdo en un sueño y me paralizo en un momento.

Cuando era niña en Cuba, jugaba un juego. Cerraba los ojos y le pedía a Dios que detuviera la Tierra. Luego de un aguacero, salía a ver la belleza de la luz del día. En las mañanas, me maravillaba el rocío sobre los pétalos de una rosa. En mi juego, abría bien los ojos y me decía, "Nunca voy a olvidar este momento. Voy a tomar una foto tan clara, que nunca se borrará de mi mente."

Esas bellas fotos de hojas de terciopelo, gotas de lluvia y rosas florecidas, se mantienen vivas en mi memoria y me hacen sonreír. Nunca le dije a nadie de este juego, por miedo que pensaran que estaba loca, pero quiero decírtelo ahora. Tú me has dejado llena de estas fotos. Sé exactamente dónde encontrarlas. Tengo los marcadores.

Hay días que me siento al lado de la piscina y recuerdo el día de tu octavo cumpleaños. ¡Qué día tan alegre ése! Escucho el viento para ver si aún carga el sonido de las risas y los juegos. Ése es el último cumpleaños que recuerdo. Sé que hubo más, pero ninguno dejó recuerdos tan duraderos. Esas memorias – junto a otras ocasiones de tanta alegría, como el día que bailamos al son de Gloria Estefan y su Miami Sound Machine en la línea de conga que batió un récord mundial en el Festival de la Calle Ocho de 1988 – siempre me han animado cuando más lo he necesitado, y también me han llevado por caminos muy dolorosos.

Cerca de tu octavo cumpleaños, Alex estaba en el punto más difícil de su etapa rebelde y siempre se estaba metido en problemas. Mi querido hijo se había transformado. Traté de acercármele, pero él tenía mucha rabia, y la dirigía contra nosotros. Iba por el camino de la autodestrucción, y estaba creando un caos en nuestro hogar.

Tú no estabas de acuerdo con su comportamiento, y no entendías sus rabietas violentas.

"Cuando yo sea grande, te prometo que no voy a ser como Alex," me dijiste. "Aunque me parezco a él, te prometo que no voy a ser como él. Voy a ser bueno. Siempre vas a estar orgullosa de mí."

El que aceptaras la semejanza de familia era un alivio, pero nunca te quité la presión de compensar mi dolor con tu buen comportamiento. Siempre he estado muy orgullosa de mis hijos, hasta de Alex en sus momentos más obscuros. Estaba orgullosa de la persona excelente que tenía dentro. El orgullo y las desilusiones nunca afectan el amor incondicional de una madre. La sangre tampoco. Ese amor nace el momento que acurrucas a tu hijo por primera vez y se conectan sus almas.

Es un compromiso juramentado que nace en ese instante y no se espera nada de vuelta.

Mucho de lo malo que sucede en una familia se desenlaza lentamente, y aunque sucede ante nuestros propios ojos, normalmente no nos percatamos del drama que se nos presenta. ¿Qué había pasado con Alex? Y Luis, ¿cuándo fue que cambió su vida tan drásticamente?

Luis, el mayor de ustedes, nació el 3 de agosto de 1965. El día que me convertí en madre encontré mi devoción. La felicidad que sentí acurrucando un bebé por primera vez, llevarlo a casa y saber que me pertenecía no tiene comparación en mi corazón. Traté de hacer lo mejor que pude a mi temprana edad contando con la ayuda del Dr. Spock, el reconocido doctor consejero de la época, y con la ayuda de Amado, mi esposo. Aun así, vi cómo Luis se convirtió en un pequeño terror, con una inteligencia feroz. Reinaba en la casa desde el principio, típico de los que nacen bajo el signo de Leo. Con su noble corazón y su amable sonrisa, Luis siempre sabía lo que quería, y cómo obtenerlo.

Tres años más tarde, Luis fue destronado por Patricia, la princesa que tanto añoraba su padre. Luis se puso celoso, claro está, y esto añadió aún más tensión a mí ya complicada relación con Amado. Era tan angustioso, que decidí matricularlo en una clase de pre-kinder a los tres años. Ahí mostró las primeras señales de lo brillante que era, y fue considerado "dotado".

Durante sus años de escuela elemental, Luis sacaba excelentes notas y ocupaba puestos perennes en las listas de honor. Tenía talento para la música y tocaba la mayoría de los instrumentos de oído. La percusión era su pasión, particularmente los tambores, así que Ramiro y yo le compramos una batería cuando tenía diez años. Era callado, con una intensidad que se escondía detrás de su naturaleza despistada. Más tarde, cuando empezó en la *Belén Jesuit Preparatory School*, su comportamiento y sus notas se deterioraron. Pronto se confirmó lo que más me temía: Luis había desarrollado un problema con la bebida y estaba experimentando con la marihuana. Entré en pánico y traté de hablar con él, pero como siempre, se mantuvo callado y distante. No sabíamos cómo manejar ese tipo de situación, así que buscamos la ayuda de un terapeuta de mucha reputación. Pero de nada sirvió. Luis estaba decayendo, y nosotros estábamos desesperados.

Cuando se graduó, insistimos que Luis fuera a una universidad local, para que viviera en casa y pudiéramos vigilarlo, pero después de su primer año, cuando Luis tenía diecinueve, su deseo de ir a la Universidad de Loyola en Nueva Orleans parecía ser un cambio que le favorecería. Su relación con su novia Ximena estaba a punto de quebrarse, y consideramos que ésa podía ser la raíz de sus problemas.

Ramiro y yo hicimos el viaje hasta Loyola para ayudar a Luis a instalarse en su cuarto dormitorio, y regresamos satisfechos de que había sido una buena decisión. Recuerdo que tú estabas triste, Toti. No querías que se fuera, pero Luis estaba motivado a terminar sus estudios. Teníamos la esperanza de que el cambio hiciera una diferencia positiva en su vida. Lo llamábamos todos los días, dándole dosis de amor y consejos, pero aun así, sentía que él colgaba de un hilo. Mi dulce y brillante hijo, mi hijo flor se estaba marchitando. Me sentía como si estuviese inflando un globo dañado. Simplemente no podía arreglar lo que andaba mal.

Un día, Luis nos llamó con la noticia de que se había quedado dormido mientras manejaba un carro prestado y chocó con una fila de carros estacionados. Había destrozado tres carros y tuvo la suerte de haber salido con vida. Llamamos a Amado y se tomó la decisión. Luis regresaría a casa luego de terminar el semestre. Teníamos que vigilarlo. En retrospectiva, fue un error dejarlo ir.

Cuando Luis regresó de Nueva Orleans, sus ojos habían cambiado. Habían perdido su intensidad, y la tristeza reemplazó su dulce sonrisa. Se encerraba en su cuarto con su batería y se pasaba días sin salir. Sí volvió a estudiar en el *Miami-Dade Community College*, y trabajaba con nosotros a tiempo parcial en Advanced Medical. Dejó de juntarse con sus amigos de escuela superior, y por las noches se quedaba en casa. Me alegré que hubiese dejado de beber, y entendí que había aprendido la lección. Claro está, no era así de fácil. En mi familia nada es fácil.

Traté de identificar los momentos precisos en que las cosas empezaron a ir mal con mis hijos, los momentos en que hubiese deseado poder rescatarlos. A veces repetía la película de mi vida para ver el espejo de mis acciones, mis palabras y mis errores para ayudarme a corregirlos. Pero cada vez terminaba sintiéndome vacía y derrotada. La impotencia era insoportable.

Y entonces regreso a tu octavo cumpleaños y toda la felicidad de ese año, para acordarme de lo felices que éramos.

✳ ✳ ✳

· Te llevamos a pescar cuando tenías ocho o nueve años – a petición tuya. La pesca era tu segundo pasatiempo al aire libre favorito, después del béisbol. Naciste con la destreza y la paciencia de un verdadero pescador. Tu padre y yo no teníamos esas habilidades, como tampoco nos interesaba la pesca, hasta que tú te interesaste en ella. Una mañana bien temprano, te llevamos al puente de Key Biscayne a pescar por primera vez. También era mi primera vez. Tu padre, al estilo Santa Claus, había comprado todo el equipo necesario: cañas de pescar, anzuelos, carnada, sombreros, cuchillos. Me recordó el día que Luis quiso ir a bolear. En lugar de usar los zapatos y los bolos de la bolera, tu padre nos compró a los seis todo el atuendo, más bolos de con sus estuches de cuero y zapatos de bolera. Nada, era una excusa para ir de compras.

En nuestra expedición de pesca, llegamos al *Rickenbacker Causeway* de Key Biscayne, equipados y listos para pecados de cualquier tamaño. El sol comenzaba a salir, y para sorpresa nuestra, los mejores lugares de pesca ya estaban ocupados. Ya empezaba a no gustarme la pesca. Me encantaba el mar, de hecho, pero ir a la playa al mediodía era una cosa, mientras que sacrificar mis horas de sueño era otra. Tal vez esto era una etapa pasajera y dejarías la pesca luego de intentarla dos o tres veces, pensé. Llegó la mañana, y vimos a otros de los que habían llegado temprano pescar varios pescados. Tu padre ayudó con la carnada, ensartando camarones en los anzuelos de la mejor manera que pudo. Había comprado varios libros de pesca para la ocasión, pero nuestras cañas seguían inmóviles. Ya veía que los camarones de carnada estaban cocinándose en su cubo bajo el sol. Habíamos pasado tres horas ahí y consumido bastante carnada.

"Creo que estos malditos peces son más inteligentes que nosotros," me quejé contigo.

"Les hemos servido tremendo buffet de desayuno y nos están tomando el pelo."

Tú te reíste y seguiste pescando.

"A ti te gustan las cosas fáciles, Mami. Ten paciencia."

Tú tenías toda la paciencia del mundo. Y tu recompensa llegó cuando algo tiró de tu línea. Te vi sacar tu primer pescado, un animalito de cuatro onzas. Era un bebé pargo de la Florida, pero tiró de tu línea tal si fuese una barracuda. Tu cara valía un millón cuando viste su tamaño. Claro está, sabíamos que había que devolverlo al mar, pero ya estabas cautivado. Empezamos a planificar nuestras vacaciones y escapadas de verano – cuando el béisbol lo permitía – a lugares donde pudieses pescar.

Poco después, tu padre se quedó sin más artefactos de pesca que pudiera comprar, así que compró un barco para ti. Ahí desarrollaste tu pasión por la pesca mar afuera. Pero tu padre y yo nos mareábamos, así que el barco casi ni se usaba. Cuando ya eras mayor, empezaste a ir de pesca con tu amigo Alan y su padre Cheni en su barco. Sé que tus momentos más felices fuera del campo de béisbol los pasaste en ese barco, que lo nombraste *Big Time*.

Nos cuentan que nadie en la familia podía pensar en un nombre para el barco, hasta que llegaste un día y te paraste frente a él.

"Cheni," le dijiste al padre de Alan, "Este barco es *big time* (algo serio)"

Así que Cheni decidió ponerle ese nombre.

Me hubiese gustado compartir contigo la pesca y el barco como tú querías, pero mis mareos me obligaron a quedarme con el béisbol.

—

once

NOCHE ESTRELLADA

En el verano de 1989, tu padre y otros entrenadores de Flagami formaron un equipo de estrellas para jugar un torneo en la República Dominicana, y tú fuiste seleccionado. Para ese entonces, ya eras tercera base. Tenías un brazo fuerte, que era crítico para esa posición. Tu padre aún te entrenaba, y yo todavía me encontraba sirviendo de árbitro en tu relación con él.

Considerando todo lo que habíamos pasado con tus hermanos, ir a la República Dominicana nos pareció una gran oportunidad para tomarnos unas buenas vacaciones. Así que hicimos planes para quedarnos una semana o dos, e irnos todos. Me encantaba viajar con todos mis hijos, pero se hacía cada vez más difícil a medida que crecían y desarrollaban intereses particulares. Esto sería diversión por partida doble – un viaje de playa y un torneo de béisbol.

Nos hospedamos en un hotel fabuloso en el pueblo de Sosua. Era junio.

En agosto del mismo verano, tuvimos otro torneo, el AABC, en Stockbridge, Georgia. Pero en esta ocasión, Luis, Patti y Alex querían quedarse en casa, y yo, aunque renuente, accedí. Llamaba a la casa todos los días para intercambiar informes de jugada-a-jugada con Patti y Eva, mi ayuda doméstica y mi mano derecha. Luego de varios días, sin embargo, noté un poco de ansiedad en la voz de Patti. De igual forma, Eva nos preguntaba cuándo regresábamos. Le pregunté si algo andaba mal. Luego de una pausa, me dio la horrible noticia: "Luis ha desparecido. Hace cuatro días que no viene. Su carro no está y se llevó toda su ropa."

El viaje de regreso pareció interminable. El carro parecía no tener velocidad. Me sentí como rehén. Tenía ese mismo mareo que sentí de niña en La Habana, cuando monté en un carrusel. Durante toda la vuelta, me sentía atrapada, tirando del caballo en vano. No podía ir más rápido ni pararlo. Mi vida estaba en sus manos.

Cuando finalmente llegamos a la casa, confirmamos lo que Eva nos había dicho. La ropa de Luis no estaba, como tampoco sus discos favoritos. Recuerdo cuando entraste al cuarto de Luis y me encontraste llorando de la desesperación. Te sentaste a mi lado y me echaste el brazo como un hombrecito. Trataste de consolarme: "No te preocupes Mami, seguro que fue a casa de un amigo a prestarle sus discos."

"¿Pero todos, Toti?"

Tus ojos se desplomaron, y me di cuenta que solo eras un niño, y que querías mucho a tu hermano. Estabas tan destruido como yo. Así que nos quedamos ahí los dos tratado de pensar que podíamos hacer.

Llamé a su padre, y con la ayuda de Ramiro, llamamos a todos los amigos de Luis. Uno a uno insistían que no lo habían visto. Buscamos en todos sus papeles y hasta en la basura de su cuarto para ver si encontrábamos alguna pista. Nada.

Hicimos un reporte de persona perdida con la Policía, que abrieron un caso.

Esa noche me acorde que Luis había estado leyendo mucho la Biblia. En su cuarto, encontramos libros y literatura sobre cultos religiosos. En pánico, se los enseñé a Ramiro. Ambos estuvimos de acuerdo que había que decírselo a la Policía.

Al día siguiente, descubrimos que Luis había vaciado su cuenta de ahorros – casi $10,000 – y le había dicho al banquero que cerrara la cuenta.

Después de esperar en vano algún resultado de parte de la Policía, decidí que teníamos que actuar por cuenta propia. Tu padre y yo desarrollamos un plan de búsqueda. Visitamos varias universidades cristianas del área, porque la Policía nos había dicho que algunas de ellas estaban familiarizadas con actividades de cultos. Encontramos dos lugares que Luis había visitado, pero a los que nunca regresó. Me di cuenta que estaba buscando crecimiento espiritual o un estilo de vida más puro. Luego me acordé de algo inusual – la mayoría de los libros y artículos que encontramos en su cuarto tenían que ver con los Hare Krishnas. Estábamos dando vueltas en círculos, pero sentía que nos acercábamos a la meta.

Los Hare Krishnas, descubrí, tenían una propiedad en Miami Beach, y un grupo grande de ellos vivía ahí. Decidimos ir a visitarlos, con la esperanza de ver a Luis. Pero el esfuerzo fue en vano porque no permitían la entrada de foráneos.

Empezamos a vigilar la propiedad y sus actividades, un esfuerzo que requería vigilancia las veinticuatro horas, porque los devotos del Señor Krishna tradicionalmente salían a cantar sus mantras al salir y a la puesta del sol. Cuando el grupo sa-

lió a cantar sus mantras en la playa de Miami Beach, le ense-
ñamos la foto de Luis al guardia de seguridad. Pensó que lo
había visto hacía unos días.

Después del primer día de guardia, Ramiro y yo decidimos
reclutar voluntarios para que nos ayudaran con la agotadora
vigilancia. Terry, nuestra querida a miga, se prestó de volunta-
ria, junto a tu tía Olga, tu tío Chichi, Chichi Jr. y Patti. For-
mando distintas parejas, nos quedamos de guardia desde el
anochecer hasta al amanecer, con binoculares en mano, inves-
tigándolos desde los bancos en la arena. Escuchábamos las
harmoniosas mantras, con sus platillos, campanas y tambores,
un ritmo que unían la tierra y el viento, y que placenteramente
nos adormecía – un efecto hipnótico que a veces nos hacía olvidar por qué estábamos ahí. Te dormías sobre mis piernas, no
sin antes insistir que te despertáramos si veíamos a Luis.
Mientras dormías, me prometí que si volvía a ver a Luis, lo
llevaría a casa y llenaría sus días de propósito. Siempre lo es-
cucharía y le daría la fuerza para mantenerse. Las estrellas en
el cielo me hacían recordar la *Noche Estrellada* de Vincent
Van Gogh y la canción que inspiró. Tal vez, tal y como fue
para Vincent, el "mundo nunca fue diseñado para alguien tan
hermoso" como Luis.

Luego de varios días de constante vigilancia, abandonamos
la guardia, llevándonos mucho más de lo que pensábamos.
Durante esos días en la playa, mientras la arena nos polvo-
reaba la piel y el viento salado nos besaba los labios, todos
nos habíamos unido mucho. Tú me revelaste tus deseos más
profundos y tus sueños de niño. Tu padre me reveló lo mucho
que quería a Luis, algo que yo había dudado en más de una
ocasión. Patti me abrazaba y me nutría de su fortaleza. Y dentro de nuestra tragedia, llegamos a la casa unidos como fami-

lia y sabiendo que podíamos enfrentar juntos el desenlace que fuera. Pero las cosas en nuestra familia nunca eran fáciles o simples.

Como si nada, Luis manejó hasta la casa diecinueve días luego de haber desaparecido. De nuevo fue nuestra querida Eva quien me llamó a la oficina para darme la noticia: "¡Es Luis! Su carro está en la entrada."

Pensando que podía desparecer de nuevo, dejé todo y salí corriendo a la casa.

Cuando hablé con Luis, me di cuenta que no tenía ni idea de sus actos, ni del caos que había ocasionado.

Su comportamiento desconcertante e irracional me hizo llevarlo a ver un psiquiatra. Luego de una larga sesión, el médico decidió ingresarlo en un hospital psiquiátrico. Tratamos de explicártelo, pero eras muy niño para entender. Estabas destruido.

Tristemente, la tormenta sólo comenzaba. El mal de Luis había estado desarrollándose por años, pero ahora se había identificado. Los médicos dijeron que era bi-polar con un desorden esquizofrénico afectivo. Dijeron que esa condición afecta normalmente a muchachos jóvenes, entre los dieciocho y los veintidós años. Luis había sido arrastrado en un viaje donde no podía seguirlo, un carrusel al que se me prohibía montar. Se presentaba ante nosotros como un desconocido, una persona atormentada por pensamientos obsesivos y rituales compulsivos.

Durante esos primeros años de la enfermedad de Luis, te metías en su cuarto para escuchar música con él o para que él te ayudara con tus tareas y proyectos.

"¿Cómo es posible, Mami?" te preguntabas en voz alta cuando estábamos solos. "Él es un cerebro. Tiene que ser un error. ¿Cómo puede estar enfermo si es una enciclopedia ambulante?"

Pero estaba enfermo. Sin embargo, contigo siempre fue igual. Tú eras el único que podía sacarlo de su cuarto para que se uniera a la familia para cenar o ir a un juego de béisbol. Él iba muy orgulloso a tus juegos y viajaba con nosotros a los torneos, donde se los presentabas a tus amigos: "Este es mi hermano Luis. Es un bárbaro tocando la batería. ¡Es el mejor!"

Tú me hacías avergonzarme por el amor y el orgullo que sentías por Luis. Demasiadas veces el estigma de la enfermedad mental me abrumaba. Aprendí tantas veces de ti lo que era la compasión infinita. Nunca, durante toda la enfermedad de Luis, y sus intentos de suicidio subsiguientes, perdiste la paciencia con él. Como campeón, cargaste ese peso sobre tus pequeños hombros, tu alma vieja nuevamente disfrazada en cuerpo de niño.

doce

———

TODO LO MALO LLEGA JUNTO

A tus doce años, ya habías desarrollado un brazo fuerte para lanzar, y tu padre gradualmente te convertía en pitcher. Jugabas en la escuela y en dos ligas de la ciudad, incluyendo el Boys Club. Cada vez que la ciudad organizaba un equipo de estrellas para jugar en torneos competitivos, te seleccionaban, y viajábamos. Tu padre había sido tu entrenador hacía ya tiempo, y continuaba empujándote hasta el límite.

A veces yo trataba de convencerme que tu éxito se debía a esto, pero entonces veía la angustia e incredulidad en tu cara, y me preguntaba cómo podías soportar sus críticas. Te sacaba de los juegos y te gritaba cuando cometías un error, o se burlaba de tus lanzamientos, dejándote en llanto en el *dogout*. "¿Qué te pasa – le tienes miedo al bateador? ¡Sé hombre!"

El hecho de que tu padre fuera el entrenador te hacía la vida imposible. Él te usaba como ejemplo. Y Dios librara que fallaras y dieras dos bases por bola. Te sentaba en el banco y desataba su ira contra ti humillantemente. Yo escuchaba horrorizada desde las gradas cercanas. El béisbol se convirtió en tu obligación y tu padre en tu hostigador. Ya no era tu amigo.

Trataba de confrontarlo cuando tú no estabas presente, pero cada vez que le hablaba, terminábamos peleando. En privado, trataba de asegurarte que él lo hacía por tu bien. Pero dentro de mí, no estaba tan segura. Lo que sí sabía es que yo quería ponerle fin a eso de una vez y por todas.

Un día, cuando salíamos del parque, decidí ser franca contigo, arriesgándome a enfurecer a tu padre. "No tienes que jugar béisbol. No tienes que hacer nada que tú no quieras," te dije.

Te dije cómo me sentía sobre las muestras de furia de tu padre. Él tuvo la oportunidad de jugar cuando joven y no lo logró, te dije. "Él no puede revivir su vida a través de ti."

Te rogué que tomaras varios días de descanso. Al menos piénsalo, te insistí.

Te tomó varios días contestarme. Pero cuando lo hiciste, vi al niño parado ante mí transformarse en un hombre. "Yo sé que yo no tengo que hacer esto por nadie. Lo estoy haciendo por mí mismo. El béisbol es mi vida y mi sueño más grande. No me interesa estar en ningún otro sitio que no sea en el plato, con un bate en las manos. No voy a permitir que nadie me haga odiar el béisbol. Quiero llegar tan lejos como me permita mi talento. Quiero ser un jugador profesional."

Estaba satisfecha con tu decisión, especialmente tu respuesta final: "También le voy a pedir a Papi de deje de ser mi entrenador. Espero que entienda."

Sé que tu padre y tú tuvieron sus altas y bajas, y que satisfacerlo se convirtió en una misión para ti, al igual que para mí, pero nunca dudes de lo mucho que te quería. Siempre debes imaginarlo como un niño grande. Un niño eterno. Él en realidad nunca creció. Su medida de la felicidad no era como la nuestra – la de él se podía sumar y restar. Sus relaciones personales y afectivas eran muy llanas, no tenían esa profundidad que tú y yo encontrábamos en cada palabra. Un hombre callado, que compraba la felicidad con juguetes y un estilo de vida exuberante, trataba de hacernos felices de la única manera que sabía hacerlo. Pero siempre necesitaba más.

Pero sí te puedo decir algo: El instante que te agarró en sus brazos encontró su felicidad eterna. Lo vi transformarse de un niño malcriado y caprichoso, a uno de los mejores padres que cualquier hijo pudiese tener. Al igual que mi experiencia, su juventud cambió drásticamente con lo que sucedió en Cuba. Siete años mayor que yo, dejó la Isla a los diecinueve y sacrificó sus estudios para venir a Estados Unidos, donde trabajó para mantenerse y mantener a su familia. Hubiese sido médico, pero al igual que yo, tuvo que improvisar. Afortunadamente, tuvo una niñez saludable y feliz, a la cual se arraigaba.

Como consecuencia, su inmadurez creó muchas de las diferencias entre ustedes. Tú, mi querido hijo, eras el adulto en esa relación. Sé que fue difícil para ti, y él nunca pidió perdón. Ése no era su estilo. Él salía a comprar algo muy caro que no te hacía falta. Contrario a muchos niños que se hubiesen aprovechado de esa debilidad, tú nunca lo hiciste. En vez, te sentías mal por tantas cosas materiales que tenías.

"Mami, él no acaba de entender. No necesito que me regale más cosas," me dijiste en varias ocasiones.

Pero así era. Su generación de hombres cubanos era una raza aparte. Estaban heridos, hijos del aire. Ni una cosa ni la otra. Luchaban por probarse, sino por sus propios logros, por los de sus hijos. Los hombres cubanos ven los fallos de su familia como fallos suyos, y sus pasiones nublan su camino al éxito. Tu padre siempre veía el cuadro completo, y muchas veces su visión lo engañaba. Lo que le parecía tan imprescindible, de repente ya no tenía importancia. Tú siempre te reías con sus múltiples proyectos e iniciativas.

"Papi, ¿una tienda de efectos deportivos? Pero tú estás en el negocio de equipos médicos."

"Papi, ¿una Academia del Béisbol? ¿Y tu trabajo?"

Y mientras iban y venían los proyectos, yo llenaba el espacio y mantenía la guardia, mientras él perseguía otro sueño. Y todo se centraba en ti, el gran amor de su vida. Siempre quería estar cerca de ti.

Ese fin de semana, le pediste a tu padre que te llevara al cine. Nunca supe lo que hablaron, pero tu padre decidió dejar de ser el entrenador de tu equipo. Luego de esa temporada, nunca volvió a ser tu entrenador. Y tal vez como resultado de eso, prosperaste como la estrella que eras. Te convertiste en una tercera base y bateador por excelencia. Ganaste premios de Jugador Más Valioso, campeón al bate, jugador más destacado, guantes dorados, y te sonreías y te divertías con el deporte que tanto adorabas. Salvaste la relación con tu padre gracias a tu sabiduría. Tu valentía dio frutos y te ganaste su respeto.

El hecho de que tú estuvieras contento y todo te fuera bien ayudaba a suavizar otros tumultos en mi vida. A lo largo de mi vida, por alguna razón, todo lo malo me llagaba a la vez, de sopetón, y ésta no era la excepción. El 15 de febrero de 1990, a tu tío Chichi lo mataron a balazos frente a su casa. A mi querida hermana Olga también le dispararon y la dejaron por muerta. Sobrevivió, pero quedó cuadripléjica. Fue una pérdida trágica, y ver a mi hermana, mi heroína, confinada a una silla de ruedas de por vida, me partió el corazón y cambió nuestras vidas para siempre. Me sentía impotente y furiosa. El hecho de que sobreviviera fue un milagro, pero no un consuelo. Mi cuñado era un ex agente de la CIA y un prisionero político cubano, por lo que llevaba una vida muy peligrosa. Mi hermana estaba en el lugar equivocado, en el momento equivocado. Después de esa tragedia, vino el infarto de mi padre y su muerte subsecuente. Estaba fuera contigo, en la Serie Mundial de la Liga Juvenil Babe Ruth en Tarpon Springs cuando recibí la llamada. Tuve que llamar a tu padre para que viniera a quedarse contigo y yo pudiera ir al entierro en Miami. Sabía que tú no estabas muy apegado a tu abuelo Luis. Él se había convertido en un viejo gruñón. Cuando tú naciste, él ya estaba en sus setenta, y su diabetes y problemas de salud le habían quitado lo mejor de sí.

Luego fue Amado. El 12 de agosto de 1991, mi primer esposo y padres de tus tres hermanos, murió. Había desarrollado una enfermedad respiratoria que se intensificó rápidamente. Misteriosa e inesperadamente, lo mató en cuestión de una semana.

Lo más que me entristece es que la esposa de Amado decidió desconectarlo de las máquinas que lo mantenían con vida sin avisarles a sus hijos. Al día siguiente, Patti fue al hospital para visitar a su padre y descubrió que hacía horas que había partido. Estaba destruida. No tuvo la oportunidad de despedirse de la persona que más quería en todo el mundo. Hacía sólo una semana, él estaba bien y vivaracho como siempre, molestándola y visitándola en su trabajo. Él era una presencia constante en la vida de Patti. Su padre la inundaba con su amor y dedicación entera desde el día que nació.

En casa, cualquier otro tumulto que estuviera pendiente se esfumó por un desastre natural llamado el huracán Andrew. Ese fuerte fenómeno de Categoría 5 azotó el sur de la Florida en agosto de 1992 destruyendo el Condado de Dade y dejando familias sin hogar y tantos otros sin las necesidades más básicas. Las escuelas, los negocios y las tiendas cerraron – algunos por días o por semanas, y otros para siempre. La gente no podía ir de un lado a otro por las condiciones de peligro en las carreteras. Las calles estaban repletas de postes, cables eléctricos vivos, árboles caídos y todo tipo de basura. No se podía hacer nada, salvo quedarse en la casa y esperar.

Estuvimos sin electricidad por más de dos semanas, y la mayor parte de ese tiempo tampoco teníamos agua ni teléfono. Pero éramos de los afortunados. Los árboles y la las plantas, junto a la estructura que cubría la piscina se los llevó el viento. Y excepto el cuarto de Patti y parte de la sala que se desplomaron, todos salimos ilesos y teníamos una casa. Patti estaba viva de milagro. Había salido de su cuarto para ir al baño justo cuando el techo colapsó. Al principio, pensé que se reanudaba mi pesadilla de Cuba – pero esta vez no había botellas de perfume rotas ni colchones cortados.

Nos turnábamos para consolarnos los unos a los otros, ayudándonos mutuamente a encontrar nuestras pertenencias y a caminar en la oscuridad. Muchas veces, simplemente nos quedábamos sentados y nos tomábamos de la mano entre lágrimas. Tú tenías a tu querida Patti toda para ti. Cocinábamos en una estufita de gas que montamos en la terraza. Teníamos que cenar temprano porque el sol era nuestra única luz. Había poca comida, así que la compartíamos con cuidado de que no se acabara. En las tardes, los seis jugábamos juegos de mesa: *Monopolio*, *Pictionary* y varios juegos de cartas. Jugábamos y nos reíamos, y nos alentábamos entre sí. A veces, luego de la cena, seguíamos con los juegos en el comedor, a la luz de las velas. Fue un tiempo mágico.

En cierto modo, el huracán Andrew nos sacudió. Nos hizo más humildes y mejores personas. La tormenta nos dio un respiro de nuestro caos interno. A pesar de la destrucción, ofreció esperanza. Nos queríamos. Éramos una familia. Luis sonreía, Alex compartió su amor con nosotros, y Ramiro y yo nos dimos cuenta de lo mucho que nos necesitábamos. Tú estabas tan feliz de vernos unidos. Si sólo nuestra familia se hubiese quedada tan unida para siempre.

Recuerdo la tarde que llegó la electricidad. Patti, tú y yo estábamos preparándonos para nuestros juegos. Los ruidos de la casa que retomaba vida interrumpieron nuestra conversación. El televisor de repente habló, las luces brillantes de la cocina nos sorprendieron, y prendió el motor de refrigerador. Escuchábamos los gritos de alegría de todo el vecindario. Al principio todos estábamos felices, felicitándonos y abrazándonos. Besé a tu padre y a tus hermanos, y también besé el televisor y el refrigerador. Entonces Patti tú y yo nos sentamos nuevamente a jugar Monopolio. Nos miramos, y nos dimos cuenta que nuestras expresiones habían cambiado.

Entonces dijiste algo inolvidable, que salió del fondo de tu corazón: "¿Por qué no dejamos las luces apagadas hasta que terminemos el juego? ¡Una última noche… por favor!"

trece

—

CONVIRTIÉNDOTE EN GUERRERO

Cuando llegó la hora de que comenzaras la escuela superior, tomamos una decisión. Aunque sabíamos que tu escuela, *Belén Jesuit Prep* era excelente académicamente, también carecía en otras áreas, principalmente en los deportes.

Si ibas a lograr tus metas y todo tu potencial en el béisbol, necesitabas la exposición indicada. Resultó que la escuela con los mejores programas de béisbol en la nación estaba a sólo dos millas de casa. Sólo tenías que ir a los *try outs* del equipo de pelota de *Westminster Christian High School*.

Su entrenador y del equipo, *Coach* Rich Hoffman, hablaba muy bien de ti a uno de sus jugadores. Los reglamentos atléticos de las escuelas superiores no le permitían contactarte directamente, pero eso no evitaba que Johnny, el campo corto – *short stop*– del equipo, te dijera que el entrenador se interesaba por ti. Así que tu padre y yo visitamos a Coach Hoffman y nos gustó lo que vimos en *Westminster*. Ese año, su *short stop* estrella, Alex "A-Rod" Rodríguez, lo habían firmado como el

escogido número uno de la nación. Tú habías ganado un trofeo como bateador campeón de la temporada en el Boys Club,
y tu bateo y lanzamientos durante el Torneo de Junior High
School del Estado de la Florida ayudaron a tu equipo a ganar
el primer lugar.

Sin dudas, la movida a una nueva escuela sería difícil. La
mayoría de tus compañeros de clase en *Belén Jesuit* habían
estado contigo desde el primer grado, y te sentías dividido por
la decisión.

El miedo, sin embargo, siempre ha sido una de mis debilidades, por eso sabía que yo no te sería de gran ayuda. Pero
espero que sepas lo orgullosa que estaba de tu decisión final.

Durante ese tiempo, Patti estaba saliendo con un muchacho
muy agradable llamado Mike Hernández. Mike recibió una
beca deportiva para jugar béisbol en *St. Thomas University*, y
luego fue contratado por los *Dodgers* de Los Ángeles. Ese verano, Mike fue instrumental en ayudarte con la transición que
enfrentabas. Pero fue difícil, y la tensión se te veía en la cara.

El día que anunciaste que cambiarías de escuela te llevamos
a conocer a *Coach* Rich Hoffman, tu futuro entrenador. Te dijo
que ese verano estarías jugando con el equipo *junior varsity*,
dado a que era tu primer año, porque el equipo *varsity* consistía de jugadores de tercer y cuarto año, dijo que te observaría
jugar y luego decidiría si te podía mover al equipo *varsity*.

Me encantaron las palabras que te dijo cuando nos íbamos:
"Toti, he escuchado muchas cosas buenas de ti. Si todo va
bien, serás un Guerrero de Westminster," dijo. "Y, a propósito,
el verde te va a quedar muy bien." Refiriéndose al color de los
uniformes.

Jugaste de corazón ese verano y te ganaste tu puesto en el
equipo *junior varsity*. Estando en décimo grado, el segundo

año, él te escogió para su famoso equipo *varsity* y te dieron el número de uniforme que pediste: el veintitrés. Es el número que siempre habías llevado en honor a Don Mattingly y todos los grandes jugadores que le precedieron. El resto es historia, la historia más hermosa e inspiradora de valentía y determinación, que yo había presenciado. Claro está, esa historia la vi en primera fila por tener el privilegio de ser tu madre.

"Más Grande, Rápido y Fuerte". Ése era el lema del entrenamiento en *Westminster Christian*. "Más Grande" significaba tener más músculos, que tú no tenías. "Más Rápido" significaba tener velocidad, que no era uno de tus regalos de Dios. Y "Más Fuerte" significaba cuánto peso podías levantar. Se te presentaba un buen reto, y tu padre y yo empezábamos a dudar si habíamos tomado la decisión correcta. Eras uno de los mejores jugadores en *Belén*, pero en *Westminster* te empujarían a otro nivel. Éstas eran las ligas mayores del béisbol de escuela superior.

Coach Hoffman te empezó en un entrenamiento intensivo durante el día para que desarrollaras velocidad corriendo. En las noches, tú y yo íbamos al gimnasio del Doctor's Hospital, y mientras tú alzabas pesas, yo corría en el *treadmill* (trotadora). Recuerdo cuando íbamos en el carro al gimnasio, con las ventanas abiertas y el techo también, escuchando a Tupac Shakur. Me reía y disfrutaba de tu compañía en una manera que no muchas madres tienen la oportunidad de disfrutar a sus hijos. Me dabas entrada a los caminos y aventuras de tu mundo, siempre orgulloso de mí, y sin esconder nada. Me enseñaste a apreciar el talento y profundidad de tus actores comediantes favoritos como Jim Carrey, Adam Sandler y Alvarez Guedes. Te encantaba la comedia, y estos hombres representaban mucho para ti. Te fascinaban, y yo me fascinaba con tu fascinación.

Lo que hacías en realidad era brindarme tu intuición y conocimiento. Tu habilidad para ver lo mejor en la gente, sin importar su apariencia externa, era sólo uno de tus muchos talentos. Tú y yo nos acercábamos cada vez más, mientras que tu padre y yo nos apartábamos. Con toda naturaleza y sin esfuerzo, me dabas espacio en tu vida y en tu corazón, y por ésa y tantas otras bendiciones, te doy las gracias.

El hospital ya cerró aquel gimnasio, pero a veces voy a caminar por ese tercer piso, y me parece que escucho el eco de nuestras risas por los pasillos. Ese recuerdo me hace regresar a un lugar donde quisiera estar, un lugar donde pertenecía y sentía un amor incondicional.

Es difícil prepararse para el grado de competitividad del béisbol de escuela superior, *HighSchool*. Sólo te puedo decir que cuando llegaste a *Westminster* Christian eras un cachorro, y saliste hecho todo un tigre. Cada vez que pensabas que habías adelantado varios pasos, te regresaban al final de la fila. Yo iba a todas tus prácticas y todos tus juegos. Veía cómo, poco a poco y calladamente, ibas preparándote no solo para una carrera de béisbol, sino para la vida.

En el idioma de los Guerreros, estabas preparándote para la guerra. Los Guerreros de Rich Hoffman no pasaban por alto ningún detalle alguno, en su camino hacia la victoria. Siempre estaban listos para dar la batalla.

Trabajaste tan duro y sacrificaste tanto. Si hubiese contado los días que pasaste laborando bajo el sol ardiente, me echaría a llorar. Sólo puedo concluir que eso era lo que querías hacer, que nada más te daría tanta satisfacción como agarrar un bate o lanzar una pelota. Es la única manera que hubieses podido aguantar tanto trabajo.

Después de un largo día de práctica, Mike y tú iban a la

jaula de bateo a practicar, a veces hasta la medianoche. *Coach*, Hoffman estaba notando tu mejoría y te dejaba jugar más.

Durante tu primer año en *Westminster*, la situación entre tu padre y yo deterioró a su punto más bajo. Nuestra situación financiera había cambiado – el negocio boyante que teníamos comenzaba a hundirse. El negocio de efectos deportivos que tu padre había establecido fracasó, duplicando nuestras deudas y obligándonos a declararnos en bancarrota. Entre los juegos, torneos, la enfermedad de Luis y las peleas con Alex, que ya se había ido de la casa, nos olvidamos de atender a nuestro matrimonio. El mal carácter de tu padre había aumentado, y sus gastos extravagantes, que parecían ser lo único que le daba placer, seguían igual. Nos estaba hundiendo a todos. Dejé de confiar en él, como también dejé de amarlo de la manera que necesitaba amar y admirar a mi pareja. Por él, me sentía insegura sobre nuestro futuro.

Sabía que tu padre también quería más de la vida. Lo que fue un hogar feliz, se convirtió en un infierno para ambos. Un matrimonio sin amor no puede subsistir por mucho tiempo. Me sentía atrapada y sofocada. Soñaba con un lugar placentero y dulce donde sentirme segura y atendida, un lugar donde pudiera sentirme amada por siempre. Quería terminar mi matrimonio, pero no tenía la valentía para hacerlo. Algo había cambiado en mí para siempre. En esta vida, yo solía decirte, todo tiene un precio. Es el precio que pagas por tener algo o renunciar a ello, es el precio que pagas por tu debilidad o tu fortaleza. Había pagado caro por mis errores en culpa y noches sin sueño, pero nunca hubiese roto nuestro hogar de no ser por el hecho de que tu padre estaba tan infeliz como yo.

Patti ya no aguantaba más. "Mami, ¿por qué dejas que te trate así?" En ese momento no tenía la repuesta, pero ahora sí.

Vivía una farsa, un matrimonio sin amor ni esperanzas, era una cobarde, y sentía que, como penitencia por mis pecados, lo menos que podía hacer era dejarlo que me gritara. No había grito más fuerte que el que guardaba en mi corazón. Era el precio que tenía que pagar, y era yo quien dejaba que sucediera. Yo permití el comportamiento de tu padre. Compartíamos sólo una cosa en paz: tus juegos de béisbol. Pero aún eso no era suficiente. Ambos queríamos terminar, y mi apatía y su rabia ya llegaban a niveles peligrosos.

Entonces un día, en medio de una discusión, me amenazó nuevamente. "Me voy de esta maldita casa mañana. Ya no te aguanto a ti ni a tus hijos más."

Levanté los ojos y lo miré. "Por favor, te lo ruego, vamos a terminar con esta tortura. Ya yo no sé qué más hacer. Tú no estás contento, yo no estoy contenta, y los niños se sienten miserables. Vamos a tener la valentía y terminar ya."

Mi mente no podía creer en el eco de mis palabras, pero él estuvo de acuerdo, y nunca dimos marcha atrás. Era la Semana Santa en Abril del 1995 y tú estabas con *Coach* Hoffman en un campamento de béisbol. Tu padre y yo acordamos que había llegado el momento de separarnos. Para cuando llegaras, tu padre ya se habría ido y no tendrías que presenciar la escena. Decidimos quién se quedaría con qué, y tu padre se mudó a un apartamento.

Cuando regresaste ese fin de semana, ambos te fuimos a recoger en el lugar donde la escuela designó para dejar a los jugadores. Presentías que algo andaba mal y no parabas de hacer preguntas, así que te trajimos a la casa para darte la noticia. No te sorprendiste. Sabías que eso estaba por venir y habías sufrido calladamente el devastador deterioro de nuestro matrimonio. Pero querías a tu padre muchísimo, y la separación fue muy dura para ti. A los quince, todavía te metías en la cama con nosotros a ver juegos de fútbol o béisbol, y cuando ponías la cabeza sobre sus hombros, te quedabas dormido. Nos querías a los dos profundamente.

"Nada va a cambiar, Toti," dijo tu padre. "Voy a seguir yendo a tus juegos y voy a venir a visitarte todo el tiempo."

Pero tus sospechas eran válidas. A los seis meses, tu padre se casó nuevamente y su nueva mujer lo distanció de nosotros. Para mí era un alivio, y algo irónico el verlo feliz. Me había sentido culpable por no preocuparme o tratar lo suficiente, pensando que yo había destruido nuestra vida y nuestro matrimonio. Sin embargo, la profundidad de su dolor, al igual que la profundidad de su bolsillo, se podía llenar fácilmente. Me preguntaba si, al igual que yo, él estaba jugando el juego de una vida de engaño.

Había sido un buen hombre y un buen padre para mis hijos, y quería que fuera feliz, aunque todavía estaba pagando las deudas por sus excesos. Me vi obligada a vender *Better Care*, nuestro negocio de equipos médicos más reciente, por un precio que me permitió pagar casi todas las deudas. Por primera vez en muchos años, fui empleada nuevamente, y aunque era un descanso bienvenido de la jungla administrativa y me brindó un sentido de seguridad, fue un ajuste difícil para mí. Ganaba sólo la mitad de mi antiguo salario, y nos vimos obligados a reducir gastos drásticamente.

Patti, que aún vivía con nosotros y siempre había trabajado en nuestro negocio, se quedó sin trabajo. Aunque ya era psicóloga, estaba terminando su maestría en consejería de salud mental. Y la enfermedad progresiva de Luis continuaba sonando su alarma cada mañana.

Traté de protegerte de la falta de dinero y sano juicio, dos de los recursos más preciados que pueda tener una familia, pero eras muy sensitivo y atento para no ver las señales.

Las exigencias de tu itinerario de béisbol y las notas altas que yo exigía que mantuvieras, se convirtieron en tu trabajo fijo. Pero aun así, lograbas tener tu novia y tratabas de llevar una vida balanceada. No era fácil. Ya no sacabas todas "A". A medida que mejorabas en el béisbol, tus notas decaían. Cuando saliste de *Belén Jesuit*, tenías un promedio de 3.96. Ahora casi ni llegabas a 3.0. Tus notas eran aceptables, y no había de qué preocuparse, pero yo sabía que tú podías hacer más. Y siempre exigí buenas notas de mis hijos. Pero también sabía que la separación de tus padres había contribuido al desliz en tus notas.

Después de que tu padre y yo nos separáramos, compartiste conmigo lo mucho que habías sufrido con nuestras discusiones y cuánto querías que nos divorciáramos. "Estás mejor ahora, Mami," me dijiste. "Ya la gritería se fue de la casa para siempre."

Sé que no estabas hablando solamente de tu padre. También hablabas de Alex.

catorce

—

GUERREROS SIN TAMBORES

La situación de Alex había empeorado muchísimo desde que se fue de la casa. Tenía serios problemas con la bebida. Lo veía muy poco, pero rezaba por él todos los días.

Patti, que era el gran amor de tu vida – luego del béisbol, claro está – estaba comprometida para casarse con Mike. Cuando era más joven, le encantaba viajar, y Amado podía ofrecerle precios especiales porque trabajaba para las aerolíneas.

"Siempre nos deja," decías cada vez que Patti se iba en un viaje largo a Europa o Sudamérica. "¿Por qué no se puede quedar aquí tranquila?"

Contabas los minutos y horas que Patti estaba de viaje, y brillabas de felicidad cuando regresaba. Pero sus días de viajes se volvieron cosa del pasado a medida que Mike se convertía en lo más importante de su vida. Y eso no te molestaba. Patti era tu confidente, tu asesora y tu segunda Mamá. En Nochebuena, te subías a su cama para dormirte junto a ella.

Adorábamos a nuestra *Pachi*, como le decíamos. Era encantadora, y su belleza interna y su madurez la hacían aún más bella. Era una niña humilde y bondadosa. Su sentido de justicia invitaba a confiar en ella. No en balde se hizo psicóloga. Cuando era adolescente, nos daba terapia a todos en la casa.

Todo el mundo confiaba sus problemas en *Pachi*. Me hubiese gustado poder protegerla del dolor que le causó la pérdida de su padre. Luego de su muerte, Patti cayó en una depresión muy profunda y destructiva. Luchó con su tristeza, pero salió de ese episodio con más fuerza. Tres años más tarde, ya había completado su bachillerato y su maestría. Lo hizo en honor a su padre, que siempre había mantenido que la educación era la prioridad más alta. Finalmente se graduó de psicóloga, legalizando así su estatus como la terapeuta de su familia y amigos.

Un día, Patti y Mike anunciaron la fecha de su boda, y todos entramos en pánico. ¿Cómo podríamos acostumbrarnos a no tener a Patti en la casa?

"Está muy joven para casarse," protestaste.

"No te preocupes, nada va a cambiar," te aseguré.

Pero sabía que la vida, tal y como la conocíamos, iba a cambiar. Había leído palabras muy sabias de que la única constancia en la vida es el cambio, y eso siempre me había ayudado a aceptar muchas cosas. Pero para mí, la aceptación siempre venía precedida de un miedo incontrolable.

El año siguiente lo pasamos planificando la boda de Patti. ¿Te acuerdas qué linda fue? Patti marchó con sus cuatro hermanos. El quinto hermano aún estaba en Cuba. Su hermano mayor, Amado Jr., había llegado a Estados Unidos unos años antes. Las fotos de su boda hablan con elocuencia. Todos ustedes lucían guapísimos. Y ella estaba orgullosísima de sus hermanos.

Traté de darle la mejor boda posible – ya me conoces planificando fiestas. La iglesia *Church of the Little Flower* en Coral Gables no es solamente una de las iglesias católicas más lindas de todo Miami, sino también fue donde ustedes crecieron. Tu escuela elemental, *St. Theresa of the Little Flower*, estaba justo al lado. Fue ahí donde te bautizaron y donde recibiste la Primera Comunión. La iglesia lucía regia para la boda de Patti. Como su padre había fallecido, Ramiro la llevó hasta el altar. El padre Víctor, mi querido primo, celebró la ceremonia. Las emociones de ese día aún me llenan el corazón y me aguan los ojos.

Lo que más te gustó fueron los mariachis que esperaban en la recepción. Patti llegó al son de una de mis canciones favoritas: *La Vikina*. Todos en el grupo estaban vestidos de charros, con sus magníficos sombreros y sus botas. Sus pantalones bordados con hilos dorados y sus chaquetas que les llegaban hasta la cintura, brillaban bajo la luz del candelabro. Parecía un cuento de hadas.

Tristemente, fue en esa época cuando mataron a uno de tus ídolos. Nunca me olvidaré lo mucho que te afectó la muerte de Tupac Shakur. Su música y su letra potente eran una fuente de inspiración para ti, llenándote los sentidos con esa cruda ópera callejera.

La casa entera se estremecía cada noche cuando tocabas tu música, y subías el bajo. Cómo extraño esos días ahora. Antes, te tocaba a la puerta y te rogaba que bajaras el volumen.

"¿Por qué te molesta mi música?" me gritabas por encima de aquella pared de sonido.

"¿Eso es música?"

Eso te volvía loco. ¿Cómo yo podía insultarte de esa manera? Pero en ese entonces no entendía cómo nadie podía escuchar rap. Sin lugar a dudas, distaba mucho de mis clásicos e instrumentales favoritos. Pero en mi afán por comprenderte, hice el esfuerzo de aprender sobre la vida de Tupac. Leí sus poemas en *Rose in the Concrete* (Rosa en el Concreto) y escuché su *Ghetto Gospel* (Evangelio del Ghetto). Llegué a admirar las cosas que me enseñaste a notar de él: su valentía y letra poética, y los mensajes que escondía. Más tarde, me di cuenta de los paralelos entre su vida y la tuya. Tupac y tú dejaron atrás mensajes reveladores. Eran soldados en esta tierra, guerreros sin tambores.

***

Entrar al equipo *varsity* de Westminster en tu segundo año fue un gran logro. Ese honor normalmente se reservaba para los del tercer y cuarto año, pero Coach Hoffman vio tu talento y destreza como pitcher. Insistía que tu futuro estaba "en el montículo", como decía él. No entendía por qué tú insistías en jugar tercera base.

"Lo asigno a practicar con los lanzadores y cada vez que me volteo, está de nuevo en la tercera base recogiendo roletazos," nos dijo.

Te hubiese gustado más ser bateador que pitcher. "No hay nada que compare con emoción de estar parado en el plato, con el bate en las manos, mirando al pitcher contrario. Y cuando le das a la pelota, el sonido del bate y todo lo que sigue, –esa es la recompensa instantánea por todo el trabajo."

El bateo se convirtió en tu fuerte. Tu promedio al bate era estupendo. Aun así, tus curvas eran intocables. Aunque luchaste con los insultos de tu padre, no habías perdido tus dotes en el montículo. A medida que crecía tu confianza como lanzador, empezabas a medir tus "recompensas instantáneas" con tus ponches.

Ese año, los Guerreros de Westminster salieron invictos, y tu reputación como pitcher creció. Te mencionaban frecuentemente durante la temporada de béisbol en las páginas deportivas de *El Miami Herald*. Habías trabajado duro para llegar a dónde estabas y hacerte "Más Grande, Más Rápido y Más Fuerte".

A mediados de tu tercera temporada, los Guerreros todavía estaban invictos y estaban a punto de lograr su segunda temporada, invicta seguida (1996 y 1997), con un récord nacional de sesenta victorias consecutivas. Habías lanzado por diez días en las semifinales del Torneo Nacional All Sport/Pepsi-Cola en Boca Ratón contra la escuela número uno, Jacksonville Englewood High School. Tus doce ponches en siete entradas ayudaron a catapultar a los *Warriors* a la ronda final. Ganamos ese torneo, tal y como se esperaba. Coach Hoffman no pudo haber estado más orgulloso de ti y de sus predicciones. Te habías establecido como uno de los mejores lanzadores del estado.

A mediados de abril, viajamos a Atlanta para enfrentarnos a Lassiter High School, clasificada a nivel nacional. Nuestra racha de victorias había acaparado los titulares nacionales y nuestro pitcher principal, un *senior* de cuarto año, había llenado las bases. Había sido una tarde muy larga, con innumerables suspensiones por lluvia. Cuando subiste al montículo, le recé al dios del béisbol. La Santina te cubrió con una brillante luz dorada. Pero ese día, los rezos, la suerte y el destino nos abandonaron, y tus primeros tres bateadores empujaron cinco carreras, incluyendo tres cuadrangulares. Se nos acabó el hechizo, y todos en Miami se enteraron por el periódico al día siguiente.

"Racha Ganadora de Westminster Termina en 60," leía el titular. El recuento fue demoledor: "El lanzador Toti Méndez (4–1) recibió una paliza de tres carreras, seguidas de dos *home runs* para sentenciar a los Guerreros 6–2."

Por días se veía tu cara de vergüenza, y la humillación que sentías pesaba sobre ti. Esta vez no escuchaste ningún grito de tu entrenador, pero su silencio y desprecio eran evidentes, hasta tú lo veías. No te reprochó, como tampoco hizo comentarios a la prensa, pero te sentó en el banco por el resto de tu tercera temporada. No jugaste tercera base, ni lanzaste. Sólo yo sabía cuánto estabas sufriendo en silencio, y nada de lo que yo te dijera o hiciera parecía ayudar. Vi tu espíritu quebrantado y te preparaste para lo peor. Tu padre pensó que éste sería el final de tu carrera de béisbol, pero como siempre, nos sorprendiste. Tenías otros planes. Tu fuerza aún estaba por medirse.

Era el 1998, tu cuarto año. Hacía ya tiempo que se sabía que Coach Hoffman quería que un joven *pitcher* (lanzador) llamado Bryan Walker, jugador de una escuela pública local, se uniera al equipo de Westminster. Bryan era el mejor pitcher del Condado de Dade, un zurdo considerado uno de los mejores no solo en la Florida, sino la nación. Coach Hoffman ya tenía un equipo de lanzadores de primera, incluyéndote a ti, y el añadir a Bryan le aseguraría al equipo un título nacional. Esto nos preocupaba a tu padre y a mí – si traen a alguien tan bueno, ¿te dejarían jugar a ti? Era un razonamiento egoísta, pero sincero.

Pero tú, ni te inmutaste. Tu inalterable espíritu compañerismo, no te permitía pensar en ti mismo.

"Tremenda noticia," decías entusiasmado. "Bryan viene para Westminster. Vamos a hacer historia."

Una vez que se regó la voz, otra escuela superior con un

programa magnifico de béisbol me llamó para ofrecerte una beca completa si cambiabas de escuela y terminabas tu cuarto año con ellos. Querían que tú los ayudaras a llegar a los finales del campeonato estatal. Considerando que tu educación en Westminster era carísima, y que Bryan se había unido a los Guerreros, disminuyendo así tus oportunidades de ser tú el pitcher principal, te animé para que cambiaras de escuela. Tu reacción fue digna del hombre que llegaste a ser.

Estaba arrodillada frente a las rosas del jardín de enfrente, cortándoles las espinas, cuando te me acercaste. "Es fantástico e increíble que Bryan se una a nuestro equipo en Westminster. Pero él no es Superman. Es un muchacho como yo. No creas ni por un segundo que se las va a ver fácil. Sólo tengo que trabajar más duro que nunca y le voy a dar a Bryan la pelea más difícil de su vida. Papi y tú tienen que empezar a demostrarme que creen en mí. Tienes que dejar de protegerme como haces con esas rosas. Todavía les quitas las espinas para que no me pinchen. Ya no soy un niño."

Tus palabras me dejaron pasmada.

"No quería que relacionaras la belleza con el dolor. Por eso les quitaba las espinas."

"Tú siempre has dicho que todo en la vida tiene un precio, Mami. Que te pinche una espina es un precio bien barato si quieres aguantar una rosa."

Una vez más, nos enseñaste una lección.

Ese verano, te preparaste para lo que parecía la batalla de tu vida. Las rutinas de ejercicios se hacían más largas y tus días más cortos. Tu vida se detuvo. Ése fue el verano que escribiste el poema que titulaste "*The Warrior*" ("El Guerrero"), que luego fue publicado en el anuario de tu escuela, y parte del cual copio aquí.

"To be a Warrior!"
My heart beats fast,
To hold the world and make it last.
As I reflect, my mind replays,
How long the nights, how short the days.

(¡Ser un Guerrero!
Mi corazón late rápido
Detén el mundo y hazlo durar.
Cuando reflexiono, mi mente repite
Qué largas las noches, qué cortos los días)

Comentamos algo de que habías heredado mi talento de escribir poesías, y mi corazón dio un brinco.

Tu cuarto año comenzó en septiembre de 1997. El régimen de acondicionamiento de tu equipo fue aún más intenso ese año. Coach Hoffman tenía a sus jugadores trabajando hasta el anochecer. Hasta tu método de correr mejoró, y ahora corrías más que los demás. El ser rápido corriendo, se convirtió en tu obsesión. No fue hasta más tarde que me di cuenta por qué, a pesar de todos los entrenadores de pista y campo que trabajaron contigo, y a pesar de tus esfuerzos sobrenaturales, nunca podías alcanzar la velocidad que se esperaba de ti. Yo veía con agonía cómo tu padre, con el cronómetro en la mano, te hacía correr las sesenta yardas hasta que caías exhausto. Y cada vez que tus entrenadores medían tu tiempo se quedaban decepcionados.

"No entiendo," decía Jerry, un entrenador de pista y campo que trabajaba contigo. "Su técnica es buena. Lo está haciendo todo bien. No sé por qué tiene una salida tan lenta."

Debimos haber visto la bandera roja, Toti. Entrenador tras

entrenador trabajó contigo para que corrieras más. Pero eras sólo un niño. Confiabas tu vida a nosotros. Y todos te fallamos.

Un día, tu padre te dijo que correr era una cuestión de tener "corazón". Tú estabas destruido. ¿Por qué no podíamos darnos cuenta de que algo te pasaba? Todos éramos adultos. ¿Estábamos ciegos?

quince

―

ACTUACIÓN MAGISTRAL

Todo apuntaba a que sería una de las mejores temporadas de béisbol para los Guerreros de Westminster. Los juegos de práctica de la pre-temporada habían comenzado, y el terreno se llenaba de *scouts* de talento de las ligas profesionales. Los *scouts* de lanzamiento estaban listos con radares detrás del plato. Tú estabas tirando de maravilla, y todos se volteaban a mirarte en el montículo, con tu brazo más fuerte que nunca. Tus curvas feroces ya se conocían como las más temidas de Miami. La mayoría de los jugadores de Coach Hoffman estaban clasificados nacionalmente, y ahora con Bryan, que estaba entre los diez mejores lanzadores de la nación, vinieron el doble de los *scouts* de talento.

Llegó Enero, que trajo las temperaturas *"crispy"* de la época. Los primeros movimientos y sonidos de la temporada de béisbol llenaban la escuela de Westminster de emociones, como de costumbre. Todos se preguntaban quién sería el pitcher principal para el primer juego de apertura en Febrero. ¿Sería el orgullo de Westminster, Toti Méndez, o sería el recién llegado Bryan Walker?

Para ese entonces, tu papá y yo ya no nos veíamos mucho. Él estaba influenciado por su nueva esposa y casi ni me hablaba frente a ella. Me llamaba de vez en cuando para saber cuándo eran tus prácticas o juegos, y hablábamos de cosas triviales. Y cuando me veía en tus juegos, ni se atrevía a saludarme frente a ella, por miedo a sus celos. Traté de que la situación fuera una normal, como era con Amado. Amado y yo seguimos siendo amigos porque compartíamos un interés común muy importante – el bienestar de nuestros hijos. A pesar del divorcio, ellos crecieron viendo a sus padres llevarse bien. Pero lo de la esposa de tu papá no era normal, como tampoco era la situación que ella había creado. El primer día que la vi, me sonreí y la saludé. Ella me miró sin quitarse los espejuelos de sol, dio la media vuelta y ni me dirigió la palabra. Ni siquiera un sonido, ni una sonrisa, nada. De hecho, creo que nunca le vi las pupilas en los cuatro años que estuvo casada con tu papá. Ella estaba locamente celosa de ti y de mí. Así que tuve que aguantar la situación, que se volvía más infantil cada vez que nos veíamos. Sentías una presión inmensa, y la hostilidad te hacía infeliz. Y para colmo, estabas constantemente preocupado por mí.

"Mami, ¿quieres que hable con Papi para que no la traiga?" me preguntaste una vez.

Y te contesté que no te preocuparas por eso. Tu padre pronto saldría de su hechizo.

"A ella le va a salir el tiro por la culata," te aseguré.

Pero la situación me molestaba. Lo que era nuestro territorio sagrado se convirtió en una lucha de egos de adultos. Nos mirabas desde el terreno para tratar de leer la situación, y yo trataba de sonreírte, como para decirte que no estaba mortificada. Pero no podía engañarte. Un día tu padre me llamó furioso. Tú lo habías llamado después de un juego de práctica para pedirle que no trajera más a su esposa a tus juegos. No te gustaba su hostilidad hacia mí y exigiste respeto para tu madre. Él pensó que yo te había pedido que lo llamaras y estaba insultado por esa "atrocidad". No recuerdo lo que le contesté, pero estoy segura que no le gustó lo que dije porque dejó de llamarme. Y cuando iba a los juegos, me daba las mismas sonrisas burlonas que ella. Pero tú madurez estaba por encima de toda esa tontería y hostilidad innecesaria. Querías y respetabas a tu mamá, y les exigías a otros que hicieran lo mismo. Después de ese incidente, casi no pasabas por la casa de tu papá y hacías todo lo posible por evitar a su esposa. Sabía lo mucho que te dolía esa situación, y te convencí que el tiempo cura todas las heridas y que sobrellevaríamos esta situación.

Lo que no sabía es que se nos estaba acabando el tiempo.

✳ ✳ ✳

El béisbol en Miami no es sólo un deporte, es una religión y una cultura. Por eso no sorprende, que casi todos los programas de pequeñas ligas en la ciudad están dirigidos por un papá cubano obsesionado con el béisbol. Y es inevitable que Miami esté repleto de jugadores de béisbol jóvenes, muchos de los cuales se convierten en prospectos para las Grandes Ligas. Por eso, muchos padres miden cuán "buena" es una escuela por los programas de béisbol de las escuelas superiores. Tanto las escuelas públicas como las privadas elaboran sus itinerarios con mucho cuidado para evitar el tener que jugar con un equipo que los humille.

Jugar contra los Guerreros de Westminster, la temida "Máquina Verde", era algo que le daba pánico a los equipos de menor rango.

Cada mes de Febrero, Coach Hoffman celebraba un torneo llamado el *First Pitch Classic*, para inaugurar la temporada de béisbol. Sólo se invitaba a los mejores equipos de las escuelas superiores del área. Ese año, nuestro juego inaugural era contra *Christopher Columbus High School*, nuestro rival, – una academia privada con un récord y una reputación de excelencia.

Como de costumbre, Hoffman no anunciaba el lanzador principal hasta el último minuto. La noche anterior, sin embargo, ya tú sabías quién iba a abrir el juego. Recuerdo que estabas tirado en tu cama esa noche después de hacer tus oraciones. Me senté al borde de tu cama para conversar contigo como siempre hacíamos.

"Tú te mereces estar en ese montículo mañana. Pero no importa a quién escoja Hoffman, quiero que sepas que estoy muy orgullosa de ti."

Estabas acostado muy callado con los ojos cerrados. Te vi una lágrima.

"Bryan va a abrir el juego mañana, Mami. No quiero que Papi y tú se molesten. Yo estoy cómodo con la decisión de Coach Hoffman."

Traté de decirte algo, pero no me dejaste. "Buenas noches, Mami. Te quiero mucho."

Las gradas en el juego inaugural estaban repletas. Los scouts de las Grandes Ligas habían traído sus radares de velocidad. Me senté en mi lugar de costumbre, detrás del plato. Tu papá estaba ahí, como también tus amigos, fanáticos leales y casi la escuela entera. El equipo formó un círculo para hacer su invocación antes del juego, y nos pidieron a todos que nos pusiéramos de pie. Era el momento que yo siempre esperaba con ilusión. Nunca te dije lo hermoso que me parecía el mundo desde mi asiento. Las cosas que veo y siento a veces me conmueven: una bandera flotando en el viento mientras los trabajadores peinan la arcilla húmeda del terreno; las líneas blancas y perfectas del diamante de béisbol; el olor a hierba recién cortada; y el montículo del pitcher, tu montículo, apuntando al cielo. Veía a los muchachos alinearse mientras el himno nacional vibraba en nuestros corazones. Y cuando todo estaba en armonía y todo se detenía, me invadía pura felicidad.

Ese día fue pura magia de principio a fin. Ganamos ese juego. Y tengo que decir que Bryan, el zurdo que lanzaba tremendas curvas, fue algo sensacional. No en balde los periódicos no dejaban de halagarlo al día siguiente. Pero más que nada, vi lo contento que estabas de que tu equipo ganara el primer juego de la temporada.

Ese año escolar nos rompió el corazón la noticia de que uno de tus compañeros Guerreros, Juanchi de la Rua, que había sido diagnosticado con cáncer en los huesos, había recaído. El pronóstico no era alentador. La enfermedad estaba acabando con su cuerpo. Juanchi era un muchachito dulce, que se ganaba el corazón de todo el que lo conociera. Estaba en tu clase y era muy popular. Lo conociste cuando llegaste a Westminster y se hicieron buenos amigos. La tragedia nos consumía, pero nos ayudó a poner en justa perspectiva nuestras preocupaciones por el béisbol.

"No puedo pensar que Dios deje morir a alguien como Juanchi," me decías después de que rezábamos por él.

Lo veías a menudo cuando venía a la escuela, entre sus tratamientos. Juanchi había ido al juego inaugural para verte lanzar, y estaba muy desilusionado porque nunca subiste al montículo. Pudo graduarse con su clase ese año, pero falleció ocho meses después, en octubre. Tú habías estado en el hospital con él apenas unas horas antes de que muriera. Estabas destruido.

Fue un mes largo, y Bryan era el único pitcher que iniciaba los juegos. A veces, cuando estábamos ganando por seis carreras o más, Hoffman te dejaba lanzar una o dos entradas. Debo decir que mi admiración por tu entrenador empezaba a disminuir. No estaba siendo justo contigo. Ya hacía casi un año que habíamos perdido contra Lassiter, y a pesar de todos tus esfuerzos, Hoffman no te daba ninguna oportunidad. Si no lanzabas en tu último año, posiblemente no podrías jugar en el nivel universitario. Esto me preocupaba, y aunque tú tratabas de que yo no me diera cuenta, sabía que estabas devastado.

Llegó marzo y todavía no habías empezado en ningún juego. Sólo quedaban dos meses de béisbol, pero Bryan era el que iniciaba todos los juegos y había tenido una buena temporada. No estábamos invictos, pero ocupábamos el primer lugar. El coach te llamaba cuando Bryan se veía en aprietos. Habías logrado salvar varios juegos, pero no era lo suficiente para que Hoffman te pusiera como lanzador principal. Necesitabas un juego importante para que Coach Hoffman recuperara la confianza en ti que había perdido en el juego contra Lassiter. La gente empezó a preguntarse si te pasaba algo. Era evidente que Bryan era el pitcher número uno, pero para ser justo, no se te daba la oportunidad de demostrar lo mucho que habías progresado durante el año.

El próximo juego se jugaría en Cayo Hueso (*Key West*) contra los *Conch*s de *Key West High School*. Era un juego importantísimo, y uno que recordaré por el resto de mi vida.

Cayo Hueso es un pueblo-isla-cayo muy llevadero, un paraíso tropical, con su *Margaritaville* y todo eso. Pero cuando se trata de deportes, los *Conch*s, como se autodenominan los habitantes del cayo, la cosa cambia. En un lugar donde no hay equipos profesionales como los *Dolphins*, el *Heat*, los *Marlins*, o los *Panthers*, los *Conch*s desbordan su energía competitiva en los partidos de las escuelas de *High School* del cayo. Son una raza muy orgullosa y territorial.

Tradicionalmente, los partidos que se juegan en Cayo Hueso eran intensos. Íbamos a ser testigos de la reputación temeraria que bien se había ganado su equipo. Los *Conch*s estaban en el segundo lugar de su división y nosotros en el primero de la nuestra.

El partido estaba anunciado para el viernes, 20 de marzo, pero unas lluvias torrenciales lo pospusieron para el sábado. Como de costumbre, traje todos mis artefactos para hacer ruido: pitos, matracas, cornetas y maracas, con los que todos los padres gozaban durante los juegos en la carretera.

Esa noche hacía fresco y había buen viento. La temperatura seguía bajando, que no es normal para Cayo Hueso. Las gradas estaban repletas, y podía percibir el aroma de cerveza en la brisa, aunque estaba prohibida. Encontré un asiento en la primera fila y trataba de calentarme frotándome los brazos y las manos. Tan pronto nuestros jugadores salieron de la guagua, se escuchaban los insultos y gritos desde las gradas.

"¡Regresen a Miami, indios! ¿Dónde dejaron sus canoas?"

Tal vez no sabían que el 80 por ciento del estudiantado de Westminster era anglo, y que la mitad del equipo también. Pero nadie estaba exento de los insultos. Esa afición atacaba hasta los árbitros: "¡Cuídate árbitro, que sé dónde tú vives!"

"Mira azulito," gritaban, en referencia a las camisas azules de los árbitros, "¿Cómo está tu mujer?" Los árbitros estaban acostumbrados a ignorar esas tonterías, pero yo no. Estaba asustada y me sentía intimidada. Me senté al lado de mi buena amiga Belkys y su esposo, los padres de tu amigo y compañero de pesca Alan Blanco. Le di a Belkys algunos de mis artefactos para hacer ruido. Pensé que los *Conchs* nos iban a obligar a tragárnoslos. Y como cobarde que era, decidí guardarlos. Me prometí que si salíamos vivos de ahí, iba a renunciar a mi colección de pitos y matracas.

Todas las peleas en Flagami y todas las barbaridades competitivas que había visto antes no se comparaban con los gritos ensordecedores de este juego. Te vi salir del *dogout* entre todos los gritos e insultos. Los mismos jugadores *Conchs* les gritaban improperios y amenazas. "Niñitos de mami, les vamos a dar un paliza."

Los otros pitchers y tú estaban calentando con Reno Aragón, el entrenador de lanzadores y un viejo amigo nuestro que tenía mucha fe en ti. Claro está, era un juego importante y Bryan seria el lanzador esa noche. El viento aumentó y los fanáticos se pusieron más agresivos. Estaban inquietos y hostiles.

Ayudabas a Bryan a calentar el brazo, como siempre lo hacías, y dejé de mirarlos. Luego, cuando miré nuevamente hacia el *bullpen*, vi que Bryan estaba sentado y agarrándose el hombro, y tú estabas calentando con Ray "Spanky" Marrero, el receptor. No entendía lo que estaba pasando hasta que un padre compañero de Westminster me dio la noticia: "Toti va a ser el pitcher abridor. Bryan se lastimó."

¡Qué día para que el dios del béisbol me concediera mi deseo! ¿Por qué ahora? ¿Por qué tenía que escoger un equipo tan hostil? Creo que mis ojos delataron mi pánico, porque los dos entrenadores, Aragón y Hoffman, se acercaron a la cerca y me llamaron.

"No te preocupes, Maruchi, Toti está listo," me insistió Hoffman.

"¿Listo para qué?" le contesté, "¿Para la masacre?"

Después que terminaste de calentar, tú también te acercaste a la cerca para calmarme. "No te preocupes, Mami. No me asustan. Estoy listo. Voy a hacer que se traguen todo lo que nos han dicho."

Toti se volvió loco, pensé. *Lo van a matar – si no el team contrario, estos fanáticos desquiciados.*

Soplaba un viento frío esa noche sin estrellas. Mi corazón latía a toda máquina mientras sonaba el himno nacional. Rezaba por que lloviera – si llovía, nos íbamos a la casa.

Nos tocó batear primero y logramos dos *hits* sencillos, pero nuestros corredores no anotaron. Los fanáticos rugían al tercer *out*. Entonces vino nuestro al terreno. Recuerdo el silencio del público cuando subiste al montículo y te agachaste en tu acostumbrado ritual para tocar la arcilla. Tu confianza impresionó a tus fanáticos e intimidó a los contrarios. Una intensa cara de piedra, reemplazó tu sonrisa de niño. Hablabas volúmenes con solo una mirada: *Este juego es mío.*

Tus entrenadores me decían a cada rato que ese porte tan impresionante que tenías en el montículo era una de tus armas más poderosas. Ese día, cuando te vi lanzar tu primer lanzamiento y ponchar al primer bateador, supe lo mucho que querías estar ahí. Habías trabajado muy duro para tener esta oportunidad. Era tu momento y tu batalla – o mejor dicho, tu guerra – y nada te iba a detener. Aquel niño que había viajado a México como alterno ya era mayor, más sabio, más fuerte y mejor, y estaba listo para aprovechar esta oportunidad al máximo.

Pasaron los *innings*, (entradas), *tus entradas*, lanzando sin problemas. Una, dos, tres, cuatro entradas y no les permitiste a los *Conchs* ni un solo hit. Te miraba atónita. Tenía miedo de moverme, para no darte mala suerte – hasta de ir al baño, que estaba en territorio enemigo. Los fanáticos seguían insultando a los árbitros, buscando que rescataran a sus bateadores. En un momento dado, me viré y me di cuenta que los refuerzos de la Policía se habían triplicado. El estacionamiento estaba lleno de patrullas. Los oficiales estaban esperando un caos total. No fue hasta la quinta entrada que ellos lograron un hit, y luego otro en la sexta. Habías visto al dragón lanzando llamas en muchas ocasiones, y los que te conocían como pitcher sabían que cuando empezabas, no parabas. No tuviste misericordia con la oposición.

Ganamos el juego 1–0. Sólo permitiste esos dos hits en todo el partido.

Brooks Carey, el entrenador de los *Conchs*, dijo esto en una entrevista después del juego: "Tenemos que darle todo el crédito a Toti Méndez, el pitcher de Westminster. Nos paró en seco."

Así fue.

Todo el equipo de Westminster te rodeó abrazándote, y Hoffman te dio la mano. Yo estaba ahí gozando el momento, con los ojos y la garganta apretada y ardiendo de tanto celebrar.

Cuando salimos del parque había un silencio sepulcral. Para sorpresa nuestra, aquellos espectadores tan violentos, se quedaron sentados, estupefactos por lo que había sucedido.

Como de costumbre, te apartaste del equipo para venir a darme un abrazo. "Gracias Mami," me dijiste. "Éste te lo dedico a ti. Gracias por esperar con tanta paciencia y por creer en mí."

Después de ese juego, todo cambió para ti y para Bryan.

Tenías razón – él sólo era un muchacho, no Superman, con las mismas necesidades e inquietudes que conlleva el ser atleta. Siempre fuiste su amigo y yo sabía que te preocupaba cómo le afectaría a él tu nuevo estatus ante los ojos de Hoffman. Luego de Cayo Hueso, Bryan venía a la casa más a menudo. Estaba recibiendo terapia física y no jugó por un par de juegos. Pero las sonrisas de ambos demostraban el verdadero significado del compañerismo, y de cuán buenos muchachos ustedes eran. Juntos, con el aprecio y respeto que sentían mutuamente, estaban destinados a ganar el campeonato estatal. Hoffman no podía hacer o deshacer más nada. Ésta era una misión de ustedes, y ya habían probado que una vez que emprendían ese camino, eran implacables. Así lo habías escrito en tu poema "*The Warrior*" (El Guerrero)

When you see a Warrior,
Look closely and see,
Success is his journey,
And strength his degree

(Cuando veas a un Guerrero
Míralo de cerca y verás
Que el éxito es su travesía
Y la fuerza su título.)

Los recortes de periódico de ese día todavía cuelgan de las paredes de tu habitación para recordarles a todos lo que lograste en tan poco tiempo.

"Otra Victoria para Westminster"
"Gana Méndez"

"Desempeño Estelar de Méndez"
"Méndez Gana el Juego 700 para Rich Hoffman"

Había preparado un álbum que mirábamos juntos, pero tú lo escondías en tu armario. "Guarda eso, Mami," me regañabas. "Eso es para verlo nosotros solamente. No quiero que se lo enseñes a nadie, ni empieces a alardear de mí. Es sólo para nosotros."

Pero yo sabía que recordar tus logros era muy positivo para reforzar tu confianza. Te decía que a veces es importante acordarse de lo que uno era capaz de lograr, sobre todo en días difíciles.

Pero me contestabas: "El orgullo es un pecado. ¿No sabes eso? Esto no tiene que ver con orgullo, Mami. Quiero ganar, pero no solo por mí, sino también por mi equipo. Por eso es un deporte de compañerismo, (team sport) No se trata de mí."

Y luego me indicaste el libro y verso de la Biblia que tenía que leer para entender tu punto de vista sobre el orgullo. Me dejaste sin palabras. Aun así, no dejé de presumir. Sólo me sentía cada vez más orgullosa de ti.

Todo te favoreció esa temporada, y llegamos al juego del campeonato estatal con el mejor récord del estado. Bryan se había recuperado de su lesión y había regresado a la acción. Ustedes dos estaban en su mejor forma y para finales de la temporada, ya estaban listos para reclamar el campeonato estatal y el nacional para los Guerreros. Eras el centro de atención y las expectativas eran altas. La adrenalina alimentaba a nuestra afición cada vez que ganábamos juego tras juego hasta llegar al juego final de campeonato contra nuestros viejos rivales: *Father López Academy* de Daytona Beach. El apodo de su equipo era la Ola Verde (*the Green Wave*).

Hubo suficiente tiempo durante las semifinales para que Bryan y tú descansaran sus brazos. Ambos estaban listos. La única pregunta era a quién Hoffman enviaría al montículo para el juego final del *Florida High School State Baseball Championship*. Este campeonato ofrecía mucho prestigio y exposición.

Los *scouts* de talento y los medios de noticias llenaron los hoteles a los alrededores del *Legends Field*. Localizado en Tampa, es donde los Yankees de Nueva York hacen sus prácticas de primavera.

Westminster ya tenía el mejor récord nacional. Pero antes de coronarnos campeones nacionales, teníamos que ganar el campeonato estatal.

Lidia, mi amiga de la niñez, me acompañó en ese viaje. Ella también era divorciada y se había convertido en una gran compañía. Te encantaba verla en los juegos, con su melena rubia y su sonrisa feliz. También, estar con ella me ayudaba a mitigar el malestar que la esposa de tu papá todavía me causaba. Tu papá ignoró tu pedido y continuó trayendo a su esposa a todos los juegos.

El *Legends Field* de Tampa estaba repleto de cosas verdes, con los Guerreros y la Ola Verde, y toda la parafernalia que los fanáticos de ambos equipos habían traído. Los fanáticos de los dos equipos, llegaron con pompones y las caras pintadas de blanco y verde. Fui una de las primeras fanáticas que llegó – y traje todos mis pitos y matracas para distribuirlos. Coach Hoffman no había anunciado el pitcher que empezaría el juego. Para ti, esto era mucho más que un juego de campeonato. Era el momento en que sabrías si Hoffman te consideraba el mejor – y más importante aún, si confiaba en ti cuando se trataba de un campeonato estatal. Aun así, era muy improbable que el pitcher inicial lanzara el juego entero. Seguramente ustedes dos iban a lanzar. Pero el honor y responsabilidad que conlleva iniciar un juego de tanta importancia eran inmensos.

Mientras tocaban el himno nacional, los equipos se alinearon, y yo saqué la cámara para tomar una foto. Todavía tengo esa foto – todos ustedes alineados en la línea de tercera base mirando hacia la bandera. Y tu número, impreso tan inmaculado en tu uniforme: 23, el número perfecto, el número que llevaba tu héroe de los Yankees, Don Mattingly. El ADN produce 23 pares de cromosomas para formar el embrión perfecto, el ser humano perfecto. Y 23 es el número del salmo más conmovedor de la Biblia.

Mientras se acercaba la hora del juego, el resplandor anaranjado del atardecer, iluminaba tu equipo contra un trasfondo verde brillante. Y Hoffman te escogió a ti para iniciar. Tu cuerpo largo, de seis pies, dos pulgadas y largas extremidades, se veía imponente en el montículo. Tu montículo. De hecho, tenías el cuerpo ágil de un jugador de jai alai vasco. Noté la mirada que tenías en los ojos, esa mirada feroz e intimidadora. Tu fuerza y poderío, los compañeros gemelos de la victoria, estaban presentes a toda potencia. Al principio del juego, me senté un rato con los padres de Bryan. Quería dejarles saber lo mucho que quería a su hijo y que estaba segura que lanzaría varias entradas.

¿Pero lo haría?

Dominaste las primeras cuatro entradas, sin permitir carreras. Al mejor pitcher de ellos, Greg Brocksmith, considerado uno de los mejores en la nación, no le iba tan bien. Los Guerreros estaban jugando bien ofensivamente, y tú habías contribuido mucho a eso con dos hits muy oportunos. De hecho, habías tenido uno de los mejores promedios de bateo de tu equipo durante la temporada. Esa noche, estabas de tercer bate, y ya habías logrado dos hits, incluyendo un doble que impulsó dos carreras en el primer inning. En la quinta entrada, estando en el montículo, llenaste las bases. Los fanáticos de Westminster miraban al *bullpen* a ver si Bryan estaba calentando. Pero no, Hoffman decidió mantenerte. Todo estaba en tus manos, y manejaste la situación con mucha elegancia, terminando la entrada sin permitir carreras. Westminster estaba ganando 3–0.

Cuando empezó la sexta entrada, regresaste al montículo. Más tarde me dijiste que Hoffman se te había acercado y te dijo: "Me voy contigo hasta el final, Toter. ¿Cómo te sientes?"

Tu respuesta lo convenció de que estabas listo para quedarte ahí y preservar la victoria. Y de hecho, el juego fue tuyo. Los que nunca hemos jugado deportes organizados sólo podemos imaginar la presión que te echaste al hombro cuando miraste a tu entrenador a los ojos y le dijiste: "*Coach*, voy a ganar este juego."

Se necesita mucha valentía y confianza, pero lo lograste. Lanzaste en ese juego tan brillantemente como llevaste tu vida.

Con ese empuje moral de Hoffman, elevaste las entradas restantes a otro nivel, lanzando la pelota cada vez más dura. Los bateadores de la Ola Verde no sabían qué hacer. Norm Yelverton, el entrenador de la Ola Verde dijo esto en su entrevista después del juego: "Es demasiado bueno para nosotros."

Hablaba de ti. Le dijo a la prensa que las esperanzas de ganar de su equipo desvanecieron cuando se dieron cuenta que Westminster no iba a cambiar su pitcher. Sus comentarios eran muy válidos – terminaste el juego ponchando a los últimos tres bateadores. Te adueñaste de cada inning en ese juego. En tu actuación, no permitiste carreras, ponchaste a doce bateadores, y sólo te colaron seis hits esporádicos.

Resultado final: Westminster 5 – Father López 0.

Las cámaras de televisión y prensa, captaron la imagen de Spanky, el receptor, corriendo hacia ti, abrazándote y cargándote del montículo. Entonces el resto de los jugadores de Westminster corrieron para amontonarse sobre ti. Pensé que te iban a romper todos los huesos, pero saliste del fondo de esa montaña humana apuntando tu índice hacia el cielo. Número uno, decías, Westminster número uno.

En la euforia, traté de gritar tu nombre. Había un caos total. Padres, estudiantes, el principal y los maestros, todos vinieron a donde mí para abrazarme y felicitarme. Todos cantaban: *"¡Toti! ¡Toti! ¡Toti!"*

Sólo quería abrazarte y mirarte a los ojos, pero tendría que esperar hasta que se entregaran todos los trofeos. Vi a Hoffman llevarte a un lado y abrazarte. Te echó el brazo y ambos caminaron mientras te hablaba. Por primera vez en cuatro años, él estaba realmente orgulloso de ti. Con la música de *"We Are the Champions"* de Queen retumbando en todo el parque, tus compañeros y tú recogieron sus trofeos durante las ceremonias después del juego, incluyendo tu trofeo de Jugador Más Valioso. Sólo podía sonreír de oreja a oreja. Mi hijo, mi príncipe, mi orgullo. Conquistaste tu reino y recuperaste tu estatus.

Rich Hoffman fue juez y jurado en el béisbol de *High School* durante esos años. Era la principal autoridad en el deporte, y había hablado. Se quedó contigo durante todo el juego. Pero me hubiese gustado que tú te sintieras tan bien como nosotros nos sentíamos de ti. Estabas contento por la oportunidad, y más que el campeonato, estabas contento porque no habías decepcionado a tu equipo.

En la mañana siguiente, los titulares te halagaban:

"Actuación Magistral de Méndez"
"Westminster Gana el Título con Méndez"
"Hoffman Gana Título por Tercera Vez Consecutiva"

Tus fanáticos te admiraban. Y el sentimiento era mutuo. Y entre tus fanáticos, había una a quien tú le prestabas mucha atención.

dieciséis

—

NACE UN CHEF

Jeannette era una muchacha encantadora que te enseñó que en la vida no todo era béisbol. Eras el Rey Ramiro en el montículo, pero en otros aspectos, te faltaba mucho por aprender. Como en la cocina, por ejemplo. No sabías ni hervir un huevo. Pero cuando llegó tu novia Jeannette, todo eso cambió.

Ella te amaba mucho y compartió contigo su receta de *fondue*. El *fondue* es cosa seria – es receta para primeras citas y el Día San Valentín. Cuando una muchacha saca su receta de *fondue*, quiere decir que te tiene en la mirilla y no te va a quitar la vista. Y cuando lo prepara para tu mamá, está diciendo "enamorada" en letras mayúsculas.

Jeannette te enseñó a hacer *fondue* para mi cumpleaños. Había trabajado en *The Melting Pot*, el reconocido restaurante de *fondue*, y se conocía todas las recetas para las confecciones de queso y de chocolate. El día de mi cumpleaños, ayudaste a Jeannette a cortar todas las carnes y los vegetales en su casa, y luego trajeron todo a casa. Puse la mesa lindísima, con uno de mis manteles de España. Fue una noche exquisita. El *fondue* estaba delicioso. Pero lo más impresionante fue ver cómo trabajaste en la cocina – hasta te ensuciaste las manos. Odiabas ensuciarte las manos.

En varias ocasiones, había tratado de involucrarte en las rotaciones que hacíamos para la cena. Hice un itinerario sencillo para asegurar que Patti, Mike, tú y yo nos turnáramos cocinando. Mi mamá, abuela Laláa, vivía con nosotros entonces, pero ya estaba muy viejita para participar. Luis vivía en un apartamento en la parte posterior de la casa, pero se unía al grupo sólo de vez en cuando. Prefería experimentar haciéndose su propia comida.

Las noches que te tocaba la rotación, eras responsable de alimentar a la familia, y el resto nos alternábamos lavando los platos y poniendo la mesa. Te encantaba llenar y vaciar la lavadora de platos, pero manejar comida, ya eso era otra cosa. Te asqueaba tocar la carne cruda. Y cuando te tocaba cocinar, dependías de tus espaguetis con salsa Ragú. Pero eso sólo duró hasta que llegó Jeannette con sus destrezas culinarias.

Recuerdo una vez que yo tenía un virus estomacal espantoso, y tú llegaste con una sorpresa. Había estado vomitando las pasadas 24 horas. Y tú te habías desaparecido, lo que me pareció muy raro. Pero esa noche entraste a mi habitación con una cazuela. Te desbordabas del orgullo. Te acercaste a la cama y destapaste la cazuela para que pudiera oler el reconfortante aroma. Con la ayuda de Jeannette, me habías hecho una sopa de pollo.

"Es toda natural, Mami, el caldo y todo. Corté las papas, las cebollas y las zanahorias. Hasta lavé el pollo como se supone. Hemos estado en esto todo el día."

Hasta el día de hoy, aún recuerdo esa obra de amor.

La sopa fue sólo el comienzo de tus aventuras culinarias. Desarrollaste una verdadera pasión por cocinar para otros. Jeannette, tan linda y sensitiva, llegó a tu vida para hacerte una persona más completa. Te enseñó a hacerme cosas con tus propias manos, en lugar de comprarlas, y a cuidar de los animales y del jardín. Me sentía bendecida de tenerla en nuestras vidas.

Cerca de tu cumpleaños ese año, yo sabía que esperabas que te regalaran algún tipo de carro. "Algo que tenga ruedas y un asiento," bromeabas. "No importa si no tiene puertas, mientras que tenga motor."

Te había dado unas lecciones de manejar, y sobreviví. Tú declaraste que yo era la peor maestra de manejar y que te había traumatizado con mis gritos. Pero finalmente aprobaste todos los exámenes de conductor y estabas esperando, con tu licencia en mano, por tu propio medio de transporte. Tú pensabas que eso me liberaría de tener que llevarte a la escuela todos los días. Pero eso nunca me molestó. Me gustaba llevar a mis hijos a la escuela todas las mañanas. Era un tiempo preciado para tener largas conversaciones con ellos. Tú eras mi último bebé, y contigo se acabarían mis días de mamá taxista.

Aun así, busqué en los periódicos y encontré un Ford Explorer Sport de 1992. Querías un carro deportivo, pero éste me lucía muy bueno. Tu seguridad era mi prioridad. El precio era increíble porque tenía 75,000 millas. Era color beige y feísimo – le pusiste "La Vaca Beige". Pero te sentías como millonario en él.

Patti quería planificar algo especial para tu cumpleaños. Siempre nos gustaba darte sorpresas, pero cada vez se hacía más difícil. Entró a mi cuarto una noche y me dijo que tú querías montar en helicóptero para tu cumpleaños. Querías ver Miami desde el cielo.

El paseo era carísimo, pero decidimos que sería tu regalo principal. No fue una sorpresa, sin embargo – la idea era tuya. Traté de convencerte que no lo hicieras. Pensé que seguramente podías hacer algo que no fuera tan peligroso en el día de tu cumpleaños. Pero eso era lo que querías – ver Miami desde un helicóptero.

Hacía una mañana preciosa ese 3 de noviembre – no había ni una nube en el cielo. Me pregunté cómo se veía el mundo desde allá arriba. Pero cuando llegamos al helicóptero, el piloto nos dijo que sólo podían montar cuatro. "Y no pueden despegar sin mí," dijo.

Me conformé con verte a ti, Patti y Mike despegar en el helicóptero, y quedarme en tierra observándolos. Traté de ver tu cara por las ventanas del helicóptero, pero ya estaban muy lejos. Luego, Patti me contó lo emocionado que estabas viendo la silueta de los edificios de la cuidad y pasando por las costa del atlántico de Miami Beach. El cielo se veía tan despejado ese día.

Nunca te pregunté lo que te motivó a dar ese paseo, pero Patti me dijo que querías hacerlo como con urgencia.

diecisiete

—

UN *ALL-AMERICAN*

Con tu espectacular victoria en el juego de campeonato lograste muchísimo reconocimiento nacional y expandiste tus oportunidades de jugar a nivel universitario. Desde ese momento, te veían en otra dimensión. Fuiste nombrado *High School All-American*, el más alto honor para un atleta de High School (escuela secundaria). La placa todavía cuelga en tu cuarto. Ahí es donde a menudo me siento a escribir, rodeada de todos tus trofeos. Es un lugar sagrado para mí, con todas las fotos y premios, medallas y proclamas, todos brillando en tu honor. Puedo levantar la mirada y ver tu cara sonriente, debajo de los titulares de ese año:

"Los All-Americans de Escuela Superior"
"El Equipo es un Fuerza"

La mayoría de los jugadores en esas fotos terminaron en las Grandes Ligas. A ti te escogieron para el *Team One* de Carolina del Sur, que reunía a todos los jugadores estrella de la nación. Te nominaron para el *First Team All-State* del estado de la Florida en Sebring, junto a Greg Brocksmith, el pitcher de *Father López*. Y aquí en tu ciudad, lograste el *All-Dade Baseball Team One*. Pero aún te faltaba recibir otro honor.

Todos los años, El Miami Herald celebra un banquete para otorgar premios a todos los mejores atletas locales de escuela superior. Miami, con su extensa población latinoamericana, tiene muchísimos jugadores jóvenes muy buenos. Muchos de los muchachos con que jugaste en Flagami, el *Boys Club*, y en varios torneos nacionales e internacionales, fueron honrados ese año, al igual que tú.

Sabíamos que te invitarían a ese banquete porque habías logrado el *All-Dade Baseball Team One*. También sabíamos que los treinta jugadores que habían sido nombrados al *Team One* eran la crema de la crema en sus posiciones. Estabas codeándote con jugadores locales que siempre admiraste.

La noche antes del banquete, el *coach* Hoffman nos llamó para preguntarnos si podíamos reservarle una silla en nuestra mesa. Nos pareció un gesto muy amable que pidiera compartir con su jugador de cuarto año que le había ganado el campeonato. Jeannette, Patti y Mike, tus primos Chichi y Olgui, Lidia, tú y yo llegamos temprano, claro está. El *coach* Hoffman llegó unos minutos después. Tenía una sonrisa pícara, y pensé que estaba hablando más de lo que acostumbra. Tu papá llegó con su esposa y se sentó en una mesa cercana. Repartieron todas las medallas para los atletas *All-Dade* en diversos deportes. Aunque el fútbol es rey en muchos lugares, en esta comunidad el béisbol es lo que acapara la atención, sobre todo a nivel de escuela superior. Estabas agarrado de manos con Jeannette, tratando de ignorar todos los cumplidos que te hacían. Hoffman, que estaba sentado entre tú y yo, se inclinó hacia mí y me susurró: "*¿Maruch*, estás lista?"

"¿Para qué?"

"Ya verás."

Entonces alinearon a todos los nominados del equipo estrella *All-Dade* que iban a recibir premios. Los treinta compartían el mismo sueño: recibir el título de "*The Miami Herald's Dade County Baseball Player of the Year*" (Jugador de Béisbol del Año, del Condado Miami-Dade.)

De manera muy dramática, el locutor comenzó a presentar al que recibiría el codiciado trofeo. Sus palabras me sonaban conocidas: "*All-American*. Ganador de títulos estatales y nacionales, con una temporada de 12 victorias y 2 derrotas, 132 ponches, un promedio de efectividad de 1.40 y un promedio al bate de .410, 38 carreras impulsadas... Ramiro "Toti Méndez...."

Corrí hasta el escenario con mi cámara de vídeo justo a tiempo para filmarte recibiendo el trofeo de *Jugador de Béisbol del Año de Miami-Dade*.

Decías después que éste era tu trofeo más importante. Hasta tú, el niño que siempre resistió la tentación del orgullo, estabas conmovido y sin palabras ese día.

Las ofertas de becas no paraban de llegar, como imaginé que sucedería. Cuando llegó la hora de decidir cuál aceptarías, tomaste una decisión importante: quisiste quedarte en Miami.

No entendí tu decisión en ese momento, pero eventualmente reconocí que tu decisión fue un regalo que me hacías. Aunque trataba de ser justa, no podía evitar la tristeza de pensar que te irías a estudiar fuera. De más está decir que me emocionó muchísimo que decidieras quedarte en Miami, cerca de la casa.

"Quiero un clima de béisbol, nada de nieve," dijiste.

Me pareció perfecto, aunque sabía dentro de mí que tú no querías dejarme. Sabías lo mucho que tú me hacías falta. Tú eras mi socio, mi compañero. Íbamos juntos de compras, lavábamos nuestros carros juntos, cuidábamos las rosas, nos íbamos de caminatas y bañábamos a los perros. Desayunábamos y cenábamos juntos. Y todavía en las noches me pedías que fuera a tu cuarto para rezar. Te ponías tu pijama, te lavabas los dientes, y me avisabas con un gesto de niño chiquito – juntabas las manos e inclinabas la cabeza sobre ellas como para decirme, "Me voy a dormir ya."

Ésa era la señal. Te seguía hasta tu cuarto y bajábamos la luz para hablar de nuestro día. Y entonces rezabas. Tu cuarto brillaba en la oscuridad. Jeannette había pegado estrellas, lunas y planetas fluorescentes por todo el techo y las paredes. Era una fantasía virtual de sueños y viajes galácticos. Eran tiempos dulces y relajantes para los dos. Todavía lo son para mí. Dejé tus estrellas y tus sueños tal y como estaban en tu cuarto, en tu castillo.

Como rechazaste las ofertas de beca para estudiar fuera, te quedaban dos alternativas entre universidades de la División 1 en Miami: *Florida International University* y la Universidad de Miami. Esta última te ofreció solamente el 50% de la beca porque ya se habían pasado del límite en sus ofertas y estaban apretados de dinero. Hoffman estaba insultado e insistió que fueras a una universidad donde te demostraran el debido respeto ofreciéndote una beca completa. Y ésa era FIU. Te ofrecieron matrícula, libros, estacionamiento, hasta albergue, aunque tú no lo necesitabas. Te querían y lo probaron. Mark Calvi, el entrenador de los lanzadores y tú se llevaron muy bien desde el principio. Además de la beca, él fue tu motivación principal para escoger a los *Golden Panthers* (las Panteras Doradas) de FIU. Y yo estaba encantada. El día que firmaste tu *letter of intent*, (carta de intención) hubo una pequeña fiesta en Westminster para ti y tu amigo Javy López, que firmó con Harvard.

Ese verano te ibas de vacaciones en un crucero a Cancún con tus compañeros graduados de cuarto año. Te rogué que fueras y te tomaras un merecido descanso, pero los *Mariners* de Seattle te habían invitado a jugar en una liga de verano. Estabas exhausto y flaco, pero jugaste de corazón ese verano en el medio campo, como pitcher y tercera base. Corrías el show virtualmente solo. Admiraba tu sentido de compromiso, pero me dolía verte tan sacrificado cuando todos tus amigos estaban disfrutando en un crucero.

Pero tú estabas feliz jugando béisbol y pescando con tu amigo Alan y su papá.

Decidiste que me ibas a ayudar con los gastos de tu carro, así que empezaste a enseñar a lanzadores en las pequeñas ligas. Poco a poco, desarrollaste una clientela. Yo diseñé e imprimí una hoja de propaganda para que te anunciaras en la computadora. Tenía una foto tuya en el montículo, vestido en tu uniforme con el número 23 de Westminster. Tu amigo Ralph, que trabajaba en una tienda de efectos deportivos, puso el anuncio en la tienda y te refería clientes. Durante esa época, tu papá y yo decidimos que tus estudios y el béisbol iban a ocupar todo tu tiempo, y que si ibas a salir bien en ambos, no podías trabajar. Pero los tiempos habían cambiado después de vender mi negocio, y tu nueva empresa sería un alivio económico para mí muy bienvenido. También te habías peleado con Jeannette y habías conocido a Vivian. Tus nuevos ingresos te ayudarían a financiar tu nueva vida social y universitaria.

Comenzó la universidad y también todo el rigor del acondicionamiento físico para el béisbol de otoño. Para la Navidad, se harían los cortes y se anunciaría el equipo de béisbol de FIU para el 1999. Esto significaba para ti trabajar como de costumbre: levantar pesas, correr, lanzar. Llegabas a la casa exhausto cada noche y comías una dieta alta en proteínas que yo te preparaba. Admiraba lo mucho que cuidabas de tu cuerpo y lo cuidadoso que eras con lo que consumías. Nunca me preocupé de que desarrollaras malos hábitos. Con todo lo que pasé con tus hermanos, era una bendición tener un hijo con costumbres tan saludables. Le daba las gracias a Dios todos los días y le pedía que te mantuviera así.

FIU tenía un equipo de lanzadores bastante grande, por lo que posiblemente no ibas a lanzar mucho en tu primer año. Pero te veías fenomenal en tu uniforme, y yo estaba feliz de que jugaras cerca de casa. Y decir que tú también estabas feliz ni siquiera comienza a describir lo que yo veía en tu rostro.

Para ti, Mark Calvi era el mejor entrenador que jamás habías tenido. Él fue el primer miembro de la facultad de FIU que te descubrió en el estadio de los *Marlins* durante el *Pro-Players Baseball Showcase* el verano antes de tu cuarto año en Westminster. Mostró de inmediato mucha confianza en ti, y aunque estabas en tu primer año, empezó a usarte en los juegos en los que FIU ganaba por gran ventaja. Aprovechabas cada oportunidad y empezaron a darse cuenta de lo que ofrecías. Calvi te hizo su pitcher número 5 en la rotación.

Tu noche de gloria en el béisbol universitario llegó contra los *Huracanes* de la Universidad de Miami en el *Mark Light Stadium*, el campo de ellos. El *coach* Calvi te puso a lanzar en la segunda mitad de la tercera entrada.

Harold Eckert, el pitcher principal de FIU tenía una ampolla en el dedo índice, y por el itinerario tan cargado que llevaban, los otros lanzadores estaban cansados. Harold había dado dos bases por bola, y le sangraba el dedo. Calvi te pidió que calentaras rápidamente. Cuando miré por encima de la tercera base hacia el *bullpen* de los visitantes y te vi calentando, pensé que alguien había cometido un error.

La Universidad de Miami estaba catalogada número uno en la nación en ese entonces. FIU era la número 25 – que no era mala posición, pero la UM tenía la ventaja. Ganarles a los Huracanes en su propio terreno no era muy factible. Equipos mucho mejores que FIU habían demostrado un pobre desempeño en ese terreno de UM. A pesar de la disparidad, la UM y FIU, perennes contrincantes por el campeonato, siempre había esa amistosa rivalidad entre equipos de la misma ciudad. Los fanáticos que buscaban un partido competitivo y lleno de espíritu, iban siempre a ver la batalla de los Huracanes y los *Golden Panthers*. El *Mark Light Stadium* estaba repleto esa noche – hasta había gente de pie – para presenciar este encuentro local.

Aunque soy parcial hacia FIU, siempre le digo a la gente que vale la pena ir al *Mark Light Stadium* en Coral Gables para ver un juego. De verdad que es lo mejor del béisbol universitario, sobre todo si el rival es FIU.

Esa noche, cuando Harold dejó el montículo, no había ningún out y las bases estaban llenas. Subiste al montículo con mucha confianza, pero esta vez no lucías tan alto y temerario. Esta vez más bien parecía que David iba a enfrentar a Goliat. Sentía miedo por ti, miedo de que esto te perjudicara, miedo a que se repitiera otro Lassiter. El béisbol universitario se acerca más a lo que es un nivel profesional. Tú acababas de salir de High School. Habías trabajado mucho, Pero, ¿estarías listo para esto?

El primer bateador de la UM que enfrentaste era el primera base, un muchacho de apellido Brown. No recuerdo su nombre, pero estaba considerado uno de los mejores bateadores universitarios de la nación. Los fanáticos de FIU aguantaron la respiración, mientras que los de UM aclamaban por Brown. Matracas, pitos, cornetas. ¿Cómo se atrevían? Me espantaba pensar cómo te sentías. Entonces – uno, dos, tres – lo ponchaste. Y también ponchaste los otros dos bateadores. Los fanáticos de la UM estaban sin palabras. ¿Cómo era posible que este muchachito Méndez, que recién salió de escuela superior, pudiera ponchar a los mejores bateadores de la nación con las bases llenas?

Ganaste el juego para los *Golden Panthers*, y los titulares del periódico hablaban de tu hazaña a la mañana siguiente. El resto de tu primer año lanzaste como todo un jugador universitario experimentado. Tu madurez y comando del juego te ganaron el respeto de tus entrenadores y compañeros durante toda tu carrera universitaria. ¿Habría una carrera profesional en un futuro no muy lejano?

Era un equipo buenísimo y me encantaba viajar con ustedes en esos meses. El torneo *Sun Belt Conference* se iba a celebrar en Nueva Orleans, pero antes hubo varios viajes: Carolina del Norte, Alabama, Georgia, entre otros lugares. Traté de ir a todos los que pude.

Te lastimaste la rodilla en el primer partido del torneo de New Orleans, así que no pudiste lanzar. Los entrenadores no estaban muy contentos, y podía ver que estabas frustrado. Pero a pesar de esto, ganamos el campeonato del *Sun Belt Conference*, y tú no podías estar más feliz.

Las fotos de tu equipo con los collares típicos de Nueva Orleans y fumando tabacos están en tu álbum, y tu rodillera está guardada.

Terminó la temporada y tu negocio como instructor de lanzamiento creció. Tenías nuevos clientes gracias la fama de tu nombre, y de tu reputación como instructor. No dudaba que algún día pudieras ser un gran entrenador de *Pitchers* de las Grandes Ligas. Todas las tardes, tenía tres o cuatro estudiantes, y por primera vez en años, tenías las mañanas para descansar. Aunque siempre lo negabas, te veías muy cansado.

Ese verano pasó rápidamente y sin contratiempos. Laláa y tú veían *Jeopardy* y a veces jugaban dominó por las noches. Ella ya estaba muy frágil, y contratamos a una señora que la cuidara mientras yo trabajaba. Ella cuidaba a Laláa y cocinaba. Mike y Patti todavía vivían con nosotros, y Mike y tú eran inseparables, jugando billar y Nintendo durante horas y horas.

Te había regalado una mesa de billar en uno de tus cumpleaños, y te hiciste muy buen jugador. Ese talento lo desarrollaste cuando Mike te llevaba a jugar billar, y te demolía cada vez que jugaban. Llegabas a la casa furioso. Pero yo sabía que él había cometido un grave error al darte a conocer otro juego competitivo.

Empezaste a ver juegos de billar en ESPN y a comprar todos los vídeos de billar que encontrabas. A tus diecisiete, me pediste una mesa de billar para tu cumpleaños. Ese día, llegaste a la casa y todos tus amigos y familiares estaban escondidos en la terraza. Tu gran sorpresa fue ver un objeto tan enorme envuelto, y con un lazo – tu mesa de billar. El equipo entero de Westminster, algunos de tus compañeros de Belén y tus buenos amigos Geoffrey y Damian estaban ahí. Nunca se me olvidará cómo abrazaste a todo el mundo en agradecimiento.

Me abrazaste tan fuerte que pensé me ibas a romper una costilla. "Toti, no puedo respirar," te supliqué. Pero seguías abrazándome.

Damián estaban ahí. Nunca se me olvidará cómo abrazaste a todo el mundo en agradecimiento. "¿Cómo pudiste pagar esto?" me preguntaste, casi sin palabras y a punto de llorar.

Era tu manera de llenarme de besos y abrazos, y palabras de aprecio, y decirme que era la mejor mamá del mundo.

En tu nueva mesa de billar practicabas todos los días, mientras Mike estaba trabajando. Y en poco tiempo era Mike el que gritaba de humillación. Nunca más logró ganarte un juego.

Ese verano se convirtió en el verano de billares en casa. Hasta yo aprendí a jugar. El verano también significaba para ti ir de pesca con Alan y Cheni. Comíamos los dorados y pargos que ustedes pescaban y limpiaban. Lavábamos los carros e íbamos a nadar. Alquilábamos películas y grabábamos discos. Y me ayudabas a sembrar y cuidar las rosas, de las cuales estábamos muy orgullosos.

En el verano de 1999 no hicimos algo que siempre hacíamos los veranos: ir a Marco Island. Era nuestra escapada favorita. No importaba cuán ocupados estuviéramos, siempre encontrábamos el tiempo para escaparnos a Marco Island, aunque fuese por un fin de semana largo. A ti te encantaba. Ahí, contemplábamos las hermosas puestas de sol del golfo, mientras reíamos y soñábamos disfrutando de todas las delicias sensoriales que nos calmaban el espíritu a la orilla del mar.

Cuando era joven, envidiaba a los vendedores que veía en la playa. Los envidiaba tanto, que llegué a pensar en dejar mi trabajo para operar un carrito de perros calientes en alguna playa en la Florida. Durante toda mi vida, siempre he querido – o mejor dicho, necesitado – estar en la playa. Anticipaba los domingos frente al mar, pasando el día tirada y comiendo cositas junto a familiares y amigos, viendo el sol esconderse detrás del horizonte. La brisa del mar me acariciaba como el abrazo de un buen amigo. En la playa me sentía libre de ser yo. Hay una sensación de ese espíritu de libertad que te remoja, después de pasar un día en Marco Island, ese sentido delicioso de cuando uno se acuesta exhausto, con la piel bronceada, y tan limpia que olía a sal.

Cuando llega la noche en el golfo, la puesta del sol pinta el cielo de anaranjado con trazos de violeta. No me atrevía a abrir mucho los ojos por miedo a que, por una fuerte dosis de tanta belleza, dejara de latir mi corazón. Este tipo de belleza no se debe absorber toda a la vez. Se debe saborear sin prisa, como se saborea un caviar o una buena copa de champagne. El violeta en el cielo se intensifica a medida de que el sol lucha en protesta contra la noche. Sólo entonces, cuando el sol empieza a ceder, es que abro bien los ojos.

Durante mi niñez disfrutaba de un lugar como Marco Island – Varadero. Era tal vez la playa más hermosa de Cuba. Su cielo era el más azul que jamás hubieras visto, su sol brillaba más de lo que pudieras imaginar y su arena era como talco de bebé. Las aguas de Varadero eran tan claras, que mi padre decía que se podía leer el periódico bajo el agua. Y para probarlo, agarraba el periódico matutino y lo sumergía en la orilla, se paraba sobre él y nos pedía de broma que lo leyéramos.

Nadábamos toda la mañana y justo antes del almuerzo, después de salir del agua, nuestra tata nos preparaba el tónico especial de mi papá: yemas de huevo con un poco de vermouth dulce. Entonces nos sentábamos a darnos un banquete de pollo frito, con mucho limón y ajo. Después del almuerzo, dormíamos la siesta. En Cuba nos decían que había que esperar tres horas después de comer antes de hacer contacto con el agua – y eso incluía lavarse las manos. Si te atrevías a bañarte o tan siquiera mojar cualquier parte del cuerpo, te iba a dar un infarto y morirías. Lo mismo sucedía, supuestamente, con las muchachas que se lavaran el pelo o que caminaran descalzas durante la menstruación. Al menos eso era lo que nos decían.

Después de la siesta, nos bañábamos en el mar con mi papá. Y entonces llegaba lo que más me gustaba: comer mamoncillos, una especie de fruta tropical con mucha pulpa y una semilla en el centro, que es muy difícil de conseguir en Estados Unidos. Me sentaba en la arena pelando por la mitad mis mamoncillos y raspando bocado a bocado la pulpa agridulce de la semilla. La sal del mar le realzaba el sabor a fruta exótica, y mi padre se reía al verme dejar las semillas peladas y secas. Años después de dejar mi isla, te reías de mis extraños rituales de comer mango a la orilla del mar. Te decía que ir a la playa sin comer mangos era como ducharse sin jabón.

Yo nunca entenderé por qué no fuimos a Marco Island ese verano. Durante dieciséis años de tu vida fuimos juntos a visitar las puestas de sol en Marco Island, ya después, nunca más regresaríamos.

dieciocho

—

¿CUÁNTAS REPETICIONES ME QUEDAN?

Tu segundo año en FIU prometía mucho. Ya que el béisbol interfería un poco con tus ambiciones académicas, todavía no habías decidido qué ibas a estudiar. No podías concebir un futuro sin béisbol. Decidiste posponer tu decisión, y eso no me molestaba. Mejor pensarlo bien y estudiar algo que te gustara de verdad.

Hacia finales de ese verano salimos a comprar zapatos y ropa, como siempre hacíamos. Ahora me doy cuenta por qué disfrutaba tanto cuando mis hijos empezaban los preparativos para regresar a la escuela. No recuerdo de niña haber ido yo a comprar efectos escolares y ropa.

Entonces, tu viejo Explorer empezó a darnos problemas. Yo siempre pensé que tú estabas más seguro manejando un SUV.

"Si fuera por ti, Mami, yo estaría manejando un Hummer," decías.

Ese año, de hecho, los Hummers estaban de moda y sí, si

hubiese podido comprártelo, estarías manejando un Hummer nuevo. Pero tenías tu Explorer del 1992 con 98,000 millas. Estaba empezando a caerse en pedazos, pero te encantaba tu Vaca Beige.

Recuerdo un día que me senté en el asiento del conductor y noté que la puerta no tenía manilla. "Eso se rompió hace siglos," me informaste. Ten, usa este alicate."

¿Un alicate? Ni pensarlo. Ya era hora de que tuvieras otro carro – ¿y qué mejor momento que tu cumpleaños para regalártelo? El 3 de noviembre cumplirías veinte. Y con mucha anticipación, empecé a buscarte un carro nuevo.

Cuando comenzamos la búsqueda, me dejabas con el vendedor de carros, y te ibas a ver los carros pequeños. Siempre habías querido un modelo deportivo. Yo te mostraba los SUV y los camiones, pero tú siempre ibas a los modelos más pequeños de la agencia de autos.

Pensaba que eras muy alto para un carro pequeño. ¿Cómo iban a caber esas piernas largas que tenías?

Pero de alguna manera cabían, y tú sabías lo que querías. Así que concedí. El próximo paso sería encontrar algo que pudiera pagar. Vimos los Honda, Toyota y BMW, pero los precios eran imposibles. Me dolía ir contigo a las agencias de auto, crearte ilusiones, para luego salir decepcionados. Todos los que negociábamos llegaban a nada cuando el vendedor sumaba los números. Simplemente no podía hacer el pago mensual.

"No te preocupes, Mami," me asegurabas. "Tal vez el año que viene."

Sobrellevaste esto como todo un campeón, pero me partía el alma. Empezaste la escuela ese año manejando tu "vaca gigante". Pero al menos pude comprarle ruedas nuevas.

"Zapatos nuevos," decías. "Le compramos zapatos nuevos a la Vaca."

Pero yo no perdía la esperanza de poder cambiar la *Vaca* para tu cumpleaños.

Cuando comenzó de nuevo el entrenamiento para el béisbol, empezaste una vez más a levantar pesas y a hacer tu dieta. Batidos especiales altos en proteínas. Se acabó el *fast food* y nada que no fuera saludable. Te hacía mis famosos "*wraps*" para el almuerzo y te incluía frutas y vegetales y cualquier comida sana. Siempre te dejaba una nota, para que la vieras cuando ibas a almorzar. Nunca te pregunté si te daba pena que tu mamá te dejara notitas en tu almuerzo.

Posiblemente Vivian, tu nueva novia, pensó que yo era un poco extraña. Encontré un calendario de béisbol con frases diarias de inspiración y empecé a reemplazar mis notas con páginas del calendario. No podía evitar firmarlas y escribir "Te quiero" o "XOXO".

No me importaba que Vivian pensara que era extraña, sólo sé que tú tenías mucha paciencia con tu madre. No podía evitarlo, lo sé. Sentía urgencia de decirte todos los días lo mucho que te quería y lo importante que eras para mí. Tenía urgencia de llegar a casa del trabajo antes de que tú llegaras, y urgencia de levantarme en las mañanas y ver tu cara. No sabía por qué, pero ya lo sé.

Todas las noches, cuando Laláa veía *Jeopardy* en la sala, nos sentábamos a cenar y conversar. Laláa comía temprano. Magdalena, la señora que la cuidaba mientras yo estaba en el trabajo, le preparaba una cena para su dieta baja en sal y grasas. Cuando terminaba de comer, se sentaba en su sillón favorito y se ponía su chal tejido. Con *Jeopardy* de trasfondo, te contaba de mi día y tú a mí del tuyo. Me encantaba escuchar cómo iba progresando tu equipo, quién estaba luciendo bien esa temporada y lo que Mark los ponía a hacer ese día.

Mark Calvi era tu entrenador pero también tu amigo. Nunca habías admirado tanto a un *coach*. Te sentabas en su oficina y tenían largas conversaciones. Tus ojos brillaban cada vez que hablabas de él. "Mark dijo esto," y "Mark hizo lo otro," o "Mark quiere que trabaje en esto o aquello." Creo que era tu persona favorita en ese entonces. Habías encontrado a un entrenador que también era un amigo.

Antes de que empezara la temporada, reservabas los fines de semana para salir con Vivian y tus amigos. Tan pronto empezó el béisbol, las salidas pararon.

Al acercarse tu cumpleaños, invité a tus amigos más íntimos a la casa para una celebración. Tu hermana y yo habíamos ordenado el *cake* e hicimos una lasaña. Tú no sabías nada de esto. El 2 de noviembre, la noche antes, entré a tu cuarto para darte las buenas noches.

"¿Qué vamos a hacer mañana?" querías saber.

"Todavía no sé."

Te reíste de mi respuesta. Sabías que yo siempre te daba una sorpresa en tu cumpleaños. De alguna manera u otra, siempre celebrábamos, y me encantaba dejarte intrigado. Te acaricié la cabeza y las orejas, y absorbí ese momento de ternura. Tú te sonreíste llenándome de calor y calma. Siempre salía de tu cuarto en las noches sabiendo que todo andaba bien, y que me comprendías y aprobabas lo que hacía. Era nuestro ritual, como en la misa del domingo, bendecirnos y hacernos la señal de la paz. Pero esa noche me acosté preocupada. Aún no te había conseguido tu regalo de cumpleaños.

La mañana de tu cumpleaños, Patti y yo te despertamos

con un cake miniatura con su vela y una interpretación majestuosa de "Cumpleaños Feliz". Te despertaste con una gran sonrisa y enseguida empezaste a indagar sobre mis planes. *¿Qué vamos a hacer hoy?*

"No sé, ya inventaremos algo. ¿Por qué no me dejas las llaves de tu carro y tú te llevas el mío hoy? Quiero llevar a lavar y encerar el Explorer. Eso va a ser parte de tu regalo."

Pensé que eso te calmaría un poco. Y así fue. Me abrazaste y me diste las gracias por un regalo tan fantástico, y saliste para la escuela."

Después de terminar un día entero de trabajo en las primeras horas de la mañana, fui a la agencia de los carros Infiniti en Dixie Highway. Había visto un anuncio de un Infiniti G20 Sport a un precio reducido y pensé que podía pagarlo. Sabía exactamente lo que buscaba y estaba convencida que lo encontraría; tan era así, que no te compré ningún otro regalo. Nada me parecía lo suficientemente bueno. Quería que tuvieras el carro que deseabas. Algo menos sería inaceptable.

De camino a la agencia llamé a Laláa. Mi mamá siempre estaba dispuesta a ayudarme como pudiera, y me había animado a comprar el carro. "No tengas miedo. Trabajas mucho y sé que eso es lo que quieres. Si lo necesitaras, podría ayudarte con los pagos," me aseguró. "Ya encontrarás la manera – siempre lo haces."

Mi mamá siempre me hacía sentir que yo era fuerte y valiente. Era su mejor atributo. Llegó a este país sin un centavo, sin destrezas de cómo limpiar y mantener la casa. Desarrolló inmediatamente un plan de acción. Trabajó y estudió, y tuvo una larga carrera como maestra. Lo único que nuca logró fue manejar. Después de enseñar a niños hasta los setenta y dos años, se retiró. Gracias a todo lo que trabajó, tuvo su pensión de maestra y su cheque del seguro social, y eso le permitió tener una vejez digna. Sus hijas nunca tuvieron que preocuparse por mantenerla en su jubilación. Era una mujer muy sabia y me respaldaba en cada decisión que tomaba.

No quería que me diera dinero, pero sí había algo que podía hacer por mí. Su estatus como maestra retirada le daba acceso a la unión de crédito, que ofrecía las mejores tasas de interés de financiamiento. Después de asegurar el préstamo, estaba emocionadísima. De camino a la agencia de Infinti, rezaba por que el Explorer no se calentara. Le había pegado el espejo retrovisor de la puerta con cola, y el descanso de los brazos y las manillas de la puerta del conductor estaban sueltos como pez en agua. La Vaca Beige era mi pago de entrada, así que le hablaba y le rogaba que cooperara conmigo. Y así lo hizo. Logramos hacer nuestra entrada triunfal al estacionamiento de la agencia de carros.

Y ahí estaba, el carro que querías, un Infiniti G20 deportivo negro, el modelo más pequeño de la línea Infiniti. Tenía ruedas deportivas y un *spoiler*, tal y como tu querías. Lo manejé para probarlo y tengo que admitir que era emocionante – no era una camioneta torpe. Ese carro tenía personalidad. Me pasé la tarde negociando y llenando los papeles del financiamiento. Tus amigos llegarían alrededor de las 8 p.m. y ya eran casi las 7 p.m. cuando regresé a la casa, aun manejando el Explorer. Se me había olvidado traer el título del carro. Además, tú tenías que firmar unos papeles antes de poder sacar el Infinti. Estabas sentado en el sofá viendo televisión con Laláa, algo dolido por haber llegado a una casa semivacía el día de tu cumpleaños. Te pareció muy extraño llegar a una casa tan callada, sobre todo cuando siempre había tanto ruido y tantas sorpresas en los cumpleaños. ¿Dónde estaba la fiesta? No había invitados escondidos detrás de los muebles, y tampoco cake escondido en el congelador.

Pero ya yo había hecho todos los arreglos. Patti y Lidia iban a buscar la comida. Sólo Ralph y Alan sabía que te iba a comprar el carro. El resto de tus amigos, incluyendo a Vivian, lo sabrían más tarde esa noche.

"Luego buscamos algo de comer," te dije con indiferencia. Moría por decírtelo todo. La emoción me mataba, pero me esforcé para lucir distraída de camino a la agencia.

"Mami, déjame manejar. Por favor dime ya a dónde vamos."

Notaba que mi indiferencia te entristecía, y probablemente te diste cuenta que el carro todavía estaba sucio. Pero cuando reduje la velocidad para entrar a la agencia de los Infiniti, se te botaron los ojos. "No, Mami, no. Dime por qué estamos aquí. ¿Es lo que pienso?"

Habían lavado y preparado tu carro nuevo. Estaba estacionado a la entrada y brillaba bajo las luces.

"¿Te gusta?"

"¡No lo puedo creer!" gritaste, y me diste el abrazo más lindo y fuerte que jamás me habías dado. Entonces brincaste del carro gritando. Todos en la agencia sabían de la sorpresa y salieron a verte. Me sentía tan agradecida de haber tenido ese momento, agradecida a Dios por darme el valor y agradecida a mi madre por ayudarme a hacerlo realidad. Sentía la garganta pesada y áspera, y cuando te vi de nuevo, tenías los ojos llenos de lágrimas. Valías todo eso y mucho más.

Unos minutos después, cuando firmaste e intercambiamos papeles, estabas manejando tu carro nuevo, y yo sentada a tu lado.

"Este es el momento más feliz de mi vida. No sé cómo lo hiciste, y en verdad estoy un poco preocupado, pero quiero que sepas que ningún otro regalo me hubiese hecho tan feliz como éste. Eres la mejor mamá del mundo."

Poco sabía yo cuán importante era ese momento. Y poco sabías tú cuán importante era ese momento, o cómo tus simples palabras se repetirían en mi mente, un regalo muchísimo más valioso que cualquier carro deportivo importado. Ese momento ha regresado en mis días más oscuros y me hace entender – y puedo decir, me consuela – que al menos tuviste *ese* día feliz, y yo fui parte de él. Me da cierta medida de alivio el saber que compartí contigo el momento más feliz de tu vida."

¿Cuánto dura un momento de felicidad? ¿Cuán profundo es? ¿Lo podemos medir en un calendario o con una cinta métrica? ¿Nos lo podemos llevar a donde quiera? Trato de revivir ese momento y repetir la expresión en tu cara – los gritos de emoción, el abrazo, las lágrimas de felicidad. Pero quiero saber: ¿Cuántas repeticiones me quedan?

En la casa, tus amigos estaban en la entrada esperándonos. Ignoraron la comida y decidieron empezar con el cake y cantarte "*Happy Birthday to You*". Entonces te fuiste a toda prisa en tu nuevo carro deportivo, con todos los amigos que cupieron, y otros siguiéndote en sus carros para compartir tu día especial.

Yo me quedé en la casa sintiéndome completamente bendecida.

"Feliz Cumpleaños mi Príncipe," me susurraba yo misma una y otra vez.

En los días siguientes, vi muy poco de ti. Me preguntaba si estarías comiendo, estudiando y durmiendo la siesta en tu nuevo carro. Lo lavabas y lo encerabas todas las semanas, y te parabas a cierta distancia para admirar tus esfuerzos, mientras el carro brillaba bajo las luces de la entrada de la casa.

Lo encerabas tanto que llegué a pensar que se le pelaría la pintura. Pero en realidad no sabía cuántas veces se debe de lavar y encerar un carro. Lo que sí me preocupaba era lo que tanto lavado haría con la cuenta del agua.

Todo lo que ganabas en las lecciones que dabas de lanzamiento, lo ponías en tu cuenta de ahorros. Cada semana me dabas el dinero y me pedías que lo depositara.

"Estoy ahorrando para comprar aros nuevos," me informaste un día. "Me encanta el carro, pero le hacen falta aros nuevos."

Me enseñaste una foto de los aros que querías. Los cuatro costaban novecientos dólares.

"Es un regalo que me voy a hacer," me dijiste.

De nuevo, no entendía la urgencia en tu voz. ¿Por qué tanta prisa para ponerle aros?

Más me preocupaba lo cansado que lucías. "Toti, te vas a matar trabajando tanto," te decía. "El entrenamiento ya es duro de por sí, y encima estás enseñado casi todas las noches. Los aros pueden esperar."

Tratabas de asegurarme que estabas bien y que yo me preocupaba demasiado por todo. Era verdad, pero esta vez tenía el presentimiento que mis preocupaciones estaban acertadas.

Todos los años te daba catarro una o dos veces, seguido de una tos persistente. Alergias de temporada, decía tu pediatra.

"Tiene las vías respiratorias hiperactivas – lo único que se puede hacer es tratar los síntomas," me decía él.

Los episodios disminuyeron con los años, lo que era una buena indicación. Tu tos era un efecto de sonido muy particular en tu vida, y te burlabas de las distintas maneras que podías hacer sonar tu tos.

Cerca de las Navidades de 1999, llegó otro de tus catarros.

"Este catarro es absurdo. Me deja sin aire," me dijiste un día.

Siendo un poco alarmista como soy, hice una cita con un especialista del pulmón. Pensé que tal vez pudieras tener pulmonía ambulante, o algo parecido. Quería que te examinaras y te trataras lo que fuera que tuvieras.

El 23 de diciembre fuimos a un especialista del pulmón. El hecho de que fuera el día 23 no se me escapó. Estaba muy consciente de que debería ser un día de buena suerte. Pero no lo fue. La tarde estaba nublada, y recuerdo que estabas feliz de poder tomarte un descanso de correr y de tu régimen de acondicionamiento en FIU. A pesar de mis protestas, corrías bajo la lluvia, cuando hacía viento, y en cualquier temperatura, cuando hacía frío o calor.

"Somos atletas, no bebitos," me decías. "Ves a los futbolistas en televisión jugando en la nieve. No puedo presentar una nota tuya que diga que no puedo mojarme."

Pero esa tarde tenías una excusa legítima para no ir a la práctica. Era sólo una tos, pero mejor sería asegurarse que no fuera nada peor.

"Los pulmones de Ramiro están limpios," dijo el médico, "pero si usted insiste, le haremos placas de los pulmones para asegurarnos que no haya nada. Mientras, le voy a recetar unos tratamientos de aerosol e inhaladores para aliviar la tos."

Seguimos a la enfermera hasta el cuarto de Rayos X. Como medida normal de precaución, yo esperé afuera hasta que te tomaran la placa del pecho. Regresamos a la sala de exámenes para esperar las buenas noticias de que todo estaba bien. Todavía tenía que hacer compras de Navidad y buscar unas cosas en Publix. La mayonesa y el aceite de oliva para tus ensaladas se habían acabado, y también se había acabado el jugo de naranja, que era tu favorito en las mañanas. También tenía la lista de Laláa en la cartera. Ella quería las papitas o cebollas empanizadas marca *Ore Ida*, que se habían convertido en sus preferidas. Era difícil despertarle el apetito, así que la complacía en todo lo que pidiera. La visita al médico estaba tardándose mucho, y mientras esperaba, me puse a recorrer en la mente los pasillos del supermercado con la esperanza de que eso acelerara el proceso. Menos mal que había dejado el pollo marinándose en la nevera para la cena de esa noche. Después de comer, pensé, tal vez me podías acompañar a comprarles ropa a Luis y Alex para sus regalos de Navidad. Afortunadamente, las tiendas estaban abiertas hasta la medianoche.

La puerta de la sala de Rayos X estaba un poco entreabierta y podía escuchar la voz del técnico que venía tal vez de otra área más allá de la sala.

"Doctor, mire este corazón. Es enorme."

"Sin lugar a dudas."

Pensé en el señor mayor que estaba en la otra habitación. Debe ser su placa. Pobrecito, pensé. No puedo imaginar lo que los médicos ven cada día, especialmente en Miami, con su población de personas mayores.

"¿Por qué se tardan tanto?" preguntaste.

"El médico está ocupado con muchos pacientes," te dije. Por mi trabajo con equipos médicos, he estado en más oficinas médicas de las que puedo recordar. "Parece que hay problemas con uno de los pacientes."

Por fin llegó el médico.

"¿Sus pulmones están bien?" pregunté.

"Sus pulmones están bien," dijo el médico.

No pensaba que había algún problema – después de todo, eras un atleta campeón – pero me sentí aliviada.

"Necesito hacerle unas preguntas. ¿Ramiro se ha hecho una placa de pecho antes?"

"No que yo recuerde," contesté. "Nunca ha habido necesidad de hacerla."

"¿Ha visto a algún cardiólogo?"

Un momento, pensé – ¿qué está pasando? Estabas ahí por una congestión de pecho, o alergias de temporada o tos, o lo que fuera. Porque los especialistas convierten estas cosas en algo peor.

"Su corazón está seriamente agrandado," dijo el médico. "Tiene que ver a un cardiólogo."

Me apretaste la mano. El pensar que te pasara algo terriblemente malo nos azotó a ambos a la vez, como si hubiesen matado a dos pájaros de un tiro.

"Sra. Méndez, si tuviésemos una placa anterior, podríamos comparar el tamaño de su corazón entonces y ahora. De todas formas, lo debe de examinar un cardiólogo."

Yo había escuchado que a veces los atletas desarrollan un corazón agrandado, y se lo pregunté al médico. "¿Esto podría estar relacionado a su acondicionamiento y levantar pesas?"

"Es posible," contestó. "Pero de todas formas, me gustaría que viera a un cardiólogo lo antes posible."

Recuerdo lo serio que te pusiste. Estabas sentado descalzo en la mesa de exámenes mirando al piso.

"Necesito prepararme para la temporada. Empieza el mes que viene. ¿Puedo correr y seguir mi entrenamiento?"

"Vamos a esperar a que te examine el cardiólogo," dijo el médico.

Entonces el doctor escribió una nota indicándote que te abstuvieras de correr o de cualquier actividad física hasta que se te quitara la tos.

Cardiólogo. La palabra retumbaba en mis oídos. Nadie en la familia había visitado un cardiólogo, a excepción de papi – justo antes de morir. Su diabetes le había debilitado el corazón. Me entristeció eso, pero al menos lo entendía un poco.

Atónitos y sin palabras, dejamos el despacho del médico ese 23 de diciembre de 1999. Faltaban dos días para la Navidad, y llovía y hacía mucha humedad, tal como cualquier día húmedo de verano. De regreso a la casa, lucías preocupado, más por tu entrenamiento que por tu condición física. Insistías que no había manera de poder estar en forma para la pretemporada si abandonabas tu entrenamiento, aunque fuera por una semana. A mí no me importaba el entrenamiento. Estaba tratando de procesar la noticia, forzándome a ser positiva. Después de todo, los atletas tienen corazones más grandes, seguía diciéndome. Después de ver al cardiólogo, todo estará bien.

No era el mejor momento del año para enfermarse – no que haya un buen momento para eso – pero nos encontrábamos dos días antes de la Navidad tratando de conseguir una cita con uno de los mejores cardiólogos de Miami. Rezaba que no estuviese de vacaciones. Mi querido amigo y médico de la familia, el Dr. José Menéndez (que en paz descanse), vino al rescate. Aparentemente tenía muy buenas conexiones, porque logró conseguirnos una cita para el 29 de diciembre con el Dr. Cárdenas, uno de los mejores cardiólogos de la cuidad. Teníamos seis días de espera, seis días en los que pretendimos que nada sucedía.

Y nos quedaban ocho días para darle la bienvenida al año 2000. Habías planificado una fiesta, tu primera fiesta de despedida de año. En realidad, el nuevo milenio no comenzaba hasta el 2001, pero aun así, todo el mundo lo estaba celebran-

do en el 2000. ¡El nuevo milenio! Llegamos a él a pesar de todas las predicciones y profecías del fin del mundo. Tu abuela
Laláa tenía noventa y un años, y llegó a recibir el nuevo milenio. Esa realización me llenó de felicidad, como también tenerla a ella viviendo con nosotros para compartir ese día.

Parte de la familia se había ido en un crucero por el Caribe,
y otros habían ido a Disney World. Patti iba a una fiesta en
casa de su hermano Amado. Alex hacía un tiempo que no llamaba, lo que me indicaba que estaba bien, o que no estaba en
Miami. Todos nuestros familiares, amigos y conocidos habían
hecho planes. Pero Laláa, Luis, Lidia, tú y yo recibimos el
2000 juntos. Por unos días, te olvidaste de la nube gris que
nos abrumaba. Hasta cierto punto, yo también. Estaba segura
que no tenías nada. Al menos eso era lo que quería creer.

diecinueve

———

LA PALOMA BLANCA

El día veintinueve del mes de la Navidad fuimos a nuestra cita con el cardiólogo. Le pedí a tu papá que nos acompañara. Sabía que eso crearía problemas con su esposa, pero no me importaba. Necesitaba su apoyo y tú también. Cumplió y nos acompañó.

Temiendo lo peor, el médico insistió en hacer todas las pruebas en un solo día. El eco cardiograma nos dio noticias devastadoras. Mientras te vestías, el médico nos llevó a tu papá y a mí a su oficina.

La situación era la siguiente: La fracción de eyección de tu corazón estaba en 32 por ciento en lugar del 55 por ciento, que es lo normal. Tu corazón no podía bombear suficiente sangre, así que crecía para compensar esa diferencia. Recuerdo que bromeábamos cuando vimos las imágenes de tu corazón en la pantalla. ¿Cómo podíamos saber? Yo siempre decía que tenías un gran corazón, pero en el buen sentido.

"¿Su corazón se ha detenido alguna vez, que ustedes sepan?"

"No, claro que no."

"¿Alguna vez Ramiro se ha quejado de falta de aire?"

"No."

"¿Dolores de pecho, escalofríos, o algo por el estilo?"

"No."

"Cuando era chiquito, ¿recuerdan en algún momento que el corazón se le acelerara o perdiera el ritmo?"

Entonces tu papá decidió intervenir.

"¿Qué está pasando, Dr. Cárdenas?"

"Voy a referir a Ramiro al mejor cardiólogo en la ciudad. Fue mi profesor y mentor en el Jackson Memorial de la Universidad de Miami."

"Yo pensé que usted era el mejor cardiólogo de la ciudad," le dije para aliviar un poco el ambiente, y dejarle saber que quería que hiciera algo más, en lugar de enviarnos a otro médico.

No entendía por qué no podía hacer algo – lo que fuera. Él era un cardiólogo muy reconocido y lo teníamos ahí mismo. ¿Para qué más esperas, y más visitas médicas aquí y allá?

El doctor tenía sus razones, y todas me aterraban: "Esto puede ser miocarditis, a causa de un virus. Hay que hacer pruebas especializadas y en el Jackson Memorial se pueden hacer más eficientemente. Es una condición seria, pero muchas veces reversible. Si el virus está en su etapa aguda, puede ser muy peligroso, pero Ramiro no tiene los síntomas asociados. De todas formas, vamos a explorar todas las posibilidades.

Dijo que no descartaría nada – podría ser cardiomiopatía, o hasta fallo cardiaco.

Todavía, años después de tu partida, se me congelan las manos y los pies, me palpita el corazón, y me da dolor en el estómago cada vez que recuerdo la noticia del doctor. No pudimos cambiar el destino ese día, Toti. Lo único que podíamos hacer era escuchar palabras.

No quería oír las palabras que se habían pronunciado. Obviamente, todo esto debía ser un error, un descuido de alguien. Tal vez era un plan para darnos a todos una lección sobre algo... algo, y entonces seguiríamos nuestros caminos. Tal vez tú dejarías el béisbol y te concentrarías más en tus estudios; estudiarías derecho, o establecerías un negocio. Aprenderíamos algo de esto, ¿no? Todos nos haríamos mejores personas.

Ese día tú no escuchaste lo que dijo el médico. Te estabas vistiendo y entraste al despacho del doctor hacia el final de la conversación. Te ordenó que pararas todos tus acondicionamientos y ejercicios hasta que te viera otro cardiólogo. Se haría una cita en el hospital tan pronto fuera posible.

Tal parecía que tu papá había dejado de respirar, así que me tocó a mí explicarte la situación una vez salimos de la oficina y nos sentamos calmados.

Tu respuesta a todo esto: "Tengo hambre."

Fue gracias a este susto, que pudimos sentarnos juntos por primera vez en años. Tu padre, tú y yo fuimos a almorzar a "Versailles" en la Calle Ocho. Nos sentamos a conversar como viejos amigos que se extrañaban y se necesitaban. Ahora me doy cuenta que, por primera vez, los tres éramos adultos. Tu papá cambió esa tarde. La noticia nos cambió a los dos en un palpitar de tiempo que no se puede medir con un cronómetro.

Terminamos sentándonos en una mesa frente a un espejo muy elaborado. *El Restaurante Versailles* es un lugar muy concurrido por los cubanos en Miami. Siempre está lleno, especialmente a la hora de almuerzo, y siempre ruidoso, demasiado ruidoso para la conversación que íbamos a tener. Pero te encantaba la comida ahí.

"Toti," comencé. "Esto posiblemente sea un virus. El Dr. Cárdenas quiere que te hagan unas pruebas en el hospital."

Traté de no sonar alarmada, y aparentemente lo logré porque tú no expresabas ni un ápice de preocupación por la seriedad del asunto. Tú sólo estabas contento de que el entrenamiento de béisbol había recesado de todas formas por las Navidades y tu ausencia no se notaría.

"No entiendo por qué tanto lío. Fuera de la tos, me siento bien," dijiste.

Traté de no decir todo lo que pensaba, y casi ni comí mientras te veía a ti y a tu padre conversar de su tema de costumbre: el béisbol.

Terminamos el almuerzo y teníamos que irnos. En el estacionamiento, le di las gracias a tu papá por habernos acompañado.

"Sí Papi, gracias. De verdad que te agradezco que hayas venido."

Nos despedimos y recuerdo haber sentido un gran alivio esa tarde. Estaba convencida de que tu papá ya se había distanciado tanto, que estaba fuera de nuestro alcance. Pero ese día supe que todavía se preocupaba, que podíamos contar con él.

"Al menos mi enfermedad sirvió para unirlos a ustedes," dijiste de camino a casa.

Esas palabras dolieron entonces y aún me duelen. Pero decías la verdad. Siempre decías la verdad. Se me olvidó lo que contesté, pero recuerdo llegar a casa e ir directamente a mi cuarto a llorar y rezar. Hacía tiempo que no le rezaba a La Santina, la Virgen de la Covadonga, tu madre espiritual.

"Mi querida Santina, por favor, ayúdalo. Deja que sea sólo un virus. Estoy aterrada. Calma mi corazón."

Al día siguiente recibí una llamada. Reconocí la voz inmediatamente. No es el tipo de llamada para la que uno se prepara, pero cuando llega, hay que aguantarse y pensar antes de responder.

"Escúchame bien, perra. Deja tranquilo a mi marido, o voy a buscar a tu hijo y le voy a decir que es adoptado."

"¿Qué tú dijiste?" le pregunté en shock.

"Tú me escuchaste," me dijo ella. "Voy a decirle a Toti que es adoptado."

Y entonces colgó.

Mis piernas me temblaban. Iba aguantándome de todos los muebles hasta que logré sentarme en una silla.

"*Adoptado.*"

Hacía veinte años que esa palabra no se escuchaba en mi casa. Hasta se me había olvidado. ¿Cómo lo sabía ella? ¿Se lo había dicho Ramiro? Habíamos acordado no decírselo a nadie. Aun así, ¿por qué amenazarme de esa manera? Miradas maliciosas en un juego de béisbol es una cosa pero, ¿qué clase de monstruo me haría pasar por eso en estos momentos? Aun temblando, agarré el teléfono y llamé a tu papá al celular. Estaba más confundida por sus palabras que las de su mujer: "Maruchi, yo nunca le he dicho a María que Toti es adoptado. Y sí, es imposible que ella lo sepa."

"Ella *tiene* que saberlo, Ramiro. Y tienes que hacer algo al respecto. Tal vez alguien nos vio almorzando en *Versailles*."

Tu papá hizo una larga pausa y respondió en un tono que me dejó pensando.

"Veré lo que puedo hacer," dijo.

"Tú no entiendes – esa mujer tiene una furia de celos. Tienes que controlarla por el bien de Toti."

"Está bien, Maruchi, voy a hablar con ella."

Tú no estabas en casa, gracias a Dios. Esto no era algo que podía compartir contigo entonces, hijo mío, pero ahora sí.

La cólera es una emoción muy poderosa. Te lleva a lugares que jamás pensarías ir. Y es peligrosamente contagiosa. Me veía agarrándola por el cuello y sacudiéndola hasta que no pudiera respirar o pronunciar más ninguna palabra. Pensé montarme en el carro y atropellarla. Nunca había sentido tanta rabia, nunca en mi vida, y me asustaba.

"Ira", así le decía mi madre a nuestras rabietas de niñas chiquitas. Pensé en mi mamá ese día que recibí la llamada de la odiosa esposa de Ramiro.

Menos mal que me amenazó por teléfono. Si me hubiese amenazado en mi puerta o llegando a la casa, la hubiese matado. Quería asegurarme que esa palabra, "adoptado", nunca llegaría a tus oídos.

Ese día me di cuenta de la línea tan estrecha que separa nuestros pensamientos de nuestras acciones. ¿Cuán frágil es nuestro destino dictado por las emociones, y cuán fácil es cometer el acto impensable de quitarle la vida a un ser humano? *Dios mío, perdóname*, rogaba.

Tenía otras preocupaciones más importantes que los celos rabiosos de esa mujer, Así que decidí olvidar, pero no perdonar. No había tiempo para pelear. Tenía que concentrarme en tu condición.

La víspera del Año Nuevo llegó muy pronto, y estábamos metidos de lleno en los preparativos para tu fiesta. Estabas más contento que nunca. La cita con el segundo cardiólogo, el Dr. Márquez, era para el 5 de enero. Hasta ese día, trataría de comportarme como si nada estuviera pasando, pero siempre vigilándote.

Empezamos esa tarde con las decoraciones y poniendo las

mesas. Salimos a buscar la comida y el champagne. Tú especificaste que fuera champagne *Totts*, "porque lo habían nombrado en honor a tu nombre."

Créelo o no, todavía guardo dos de esas botellas de *Totts 2000 Millennium Celebration*.

Despedimos el 1999, y mientras la fiesta seguía en la terraza, yo celebraba la llegada de un Año Nuevo de vida para mi mamá, y le agradecía a Dios por su vida. Un grupo de nosotros, incluyendo a Lidia, su hermano Ernesto y su novia Cristina, mi mamá y yo, tuvimos una cena tranquila y celebramos el nuevo milenio con champagne, mientras la fiesta de verdad rugía afuera. Luis decidió no venir ese día, y recibió el milenio en su nuevo hogar. Hacía un tiempo que me pedía que lo ayudara a mudarse a una residencia de personas con la misma condición que la suya. Para nosotros, fue una decisión muy difícil, pero lo discutimos con su psiquiatra y ella nos animó a tomar la decisión. "Es lo que más le conviene," dijo ella. "Luis necesita estructura y un itinerario. Tú eres demasiado suave con él. Hay que animarlo a ser más independiente."

Justo después del Día de las Madres de 1999, encontramos un hogar con jóvenes que asistían al mismo programa de rehabilitación psicosocial, y lo ayudé con la mudanza. Fue un día muy triste para mí, pero también un día en que la vida de Luis mejoró muchísimo.

Los días de fiesta no eran fáciles para él. Exacerbaban mucho su condición. Por lo que me alegré que pasara la despedida de año con sus amigos en el hogar. Yo lo vería al día siguiente.

Tu fiesta fue todo un éxito, y la música genial. De vez en cuando salía para ver cómo iba la fiesta y asegurarme que estabas bien. Te divertías por todo lo alto. A media noche, entraste a la casa con tu predicción de Año Nuevo: "Voy a tener una temporada tremenda este año, ya verán. Todo va a ser sensacional."

Juntamos nuestras copas con los ojos llenos de lágrimas, y tú fuiste por toda la fiesta abrazando a todos lo que se te cruzaran.

★ ★ ★

El 5 de enero fuimos a ver al Dr. Márquez. Unos días antes, le había llevado una copia del eco cardiograma que te había hecho el primer cardiólogo. El día de la visita, tu padre vino con nosotros. No le pregunté si tenía permiso de su mujer o no. Sabía la respuesta y en realidad no me importaba. Lo necesitábamos ahí, y su mujer tendría que lidiar con la situación.

Después que el Dr. Márquez te examinó, se reunió en privado con tu padre y conmigo en su oficina. Nos miró a los ojos. Sus palabras nos penetraron como dagas: "¿Alguna vez han oído hablar de la muerte repentina?"

¿Cómo reacciona uno a eso cuando se trata de tu hijo? Nunca me han golpeado en la cabeza con un martillo, pero desde ese día creo que ya sé cómo se siente.

"La condición de Ramiro es muy seria," continuó el Dr. Márquez. "Tiene que dejar el béisbol y descontinuar todo su entrenamiento de inmediato. Estoy seguro que han oído de atletas que han muerto en medio de un juego. Han habido varias historias en las noticias, la mayoría futbolistas y jugadores de baloncesto, pero puede suceder en cualquier deporte.

¿Cómo podía estar pasando esto? Tenía mil preguntas, pero me quedé sin palabras. Y el doctor continuó.

"Eso normalmente se atribuye a condiciones cardíacas como la de Ramiro. Afortunadamente, ya se detectó y se le dará tratamiento, pero la fracción de eyección del corazón de su hijo está críticamente baja. Quiero hacerle pruebas para determinar si su condición es viral o no. De todas formas, voy a ordenar otro eco cardiograma de su corazón para tener mi propia comparación."

Ente los eventos borrosos, definidos únicamente por el pánico que los unía, nos pasamos el día de prueba en prueba. Al día siguiente, regresamos a hacerte más pruebas.

"Esto es una pesadilla," le decía a tu padre cuando estábamos solos. "Esto no puede estar sucediendo."

Él no lucía nada bien. Parecía ponerse más débil cada minuto.

"No puedo con esto," confesó. "Siento que me voy a desmayar."

Me di cuenta que no había comido en todo el día. Su diabetes le obliga a comer cada tres o cuatro horas. Ya eran las 3:00 p.m. y habíamos estado ahí cinco horas. Su corazón estaba débil por la diabetes, y no estaba muy bien de salud en general.

Lo ayudé a sentarse en una silla cercana y le dije que descansara.

"Te voy a traer algo de comer," le dije.

Bajé a la cafetería y compré un sándwich de atún ya preparado y un té. Corrí a llevarle la comida. Mientras comía, se le mejoraba el semblante.

"Gracias Maruchi," me dijo.

Sentía cariño por este hombre que había compartido diecinueve años de mi vida, y me hubiese gustado que las cosas hubiesen sido distintas. Sólo le deseaba lo mejor, y me dolía ver que su salud se deteriorara así. Posiblemente la noticia de tu enfermedad era demasiado para él. Tenía que tomar eso en consideración.

"No te preocupes tanto, Ramiro. A veces los médicos te presentan el peor de los casos para que el paciente obedezca sus instrucciones," traté de asegurarle. "Toti se siente bien. Pronto todo esto se acaba y él va a estar bien."

Pero yo no creía mis propias palabras. El dolor era insoportable.

Ya cuando salimos del hospital esa noche no pude contenerme más y lloré desenfrenadamente delante de ti. Tú, valiente como siempre, trataste de calmarme.

"Ya verás que todo esto es un error," me dijiste.

Te pedí que no le hicieras caso a mi llanto.

"Es que estoy muy nerviosa. No te asustes por mis emociones. Cuando tengas hijos lo entenderás."

Paramos nuevamente en "Versailles" para cenar temprano. Ni tú ni yo habíamos comido en todo el día. Me gustaba que tu padre estuviese ahí, pero no sabía si debía seguir acompañándonos. Nunca te dije que casi se desmaya. Eso te hubiese preocupado mucho. Nos sentamos a comer en un silencio que interrumpíamos con preguntas triviales. Tu papá te preguntó de tu carro nuevo, cómo estaba el equipo, y de tu fiesta de fin de año. Nerviosos, nos mirábamos a los ojos. Hubo algunas lágrimas, y nos reíamos por nada particularmente gracioso. Era una conversación torpe y llena de emociones. Tratábamos de animarnos mutuamente y de olvidar, que el Dr. Márquez había utilizado un término tan ridículo como "muerte repentina". Pretendí ser valiente lo más que pude. Ahora más que nunca, me daba cuenta que el pretender ser valiente era uno de mis mejores atributos. Pero ha sido siempre un pretender, de todas formas.

Esa noche, tu padre y yo decidimos que nadie debía saber de tu condición hasta que tuviéramos un diagnóstico final. Tú no ibas a decir nada en FIU, ni a tus compañeros y ni a tus entrenadores. Ibas a decir que era una condición viral y que el médico había dicho que descansaras dos semanas. Mientras, nosotros iríamos día a día, y tomaríamos nuestras decisiones en privado.

Las noticias viajan muy rápido en el mundo de los deportes, y si alguien se enteraba de tu problema del corazón, aunque fuera algo temporal, te hubiera manchado tu imagen y te mirarían como un atleta defectuoso. Habías trabajado mucho para dejar que te pasara eso. Las posibilidades de que las Grandes Ligas firme a un jugador con una condición cardíaca son nulas. Pero más que nada, tú no querías que te tuvieran pena. No querías ser una distracción para tu equipo.

"Toti, ¿tú estás seguro?", te pregunté.

"Sí. La temporada está empezando. No puedo decirlo ahora."

No estuve muy de acuerdo con tu decisión, pero la respeté y acepté tu deseo. Sabía lo importante que era para ti. Sabía lo considerado y valiente que eras.

Esa noche, el Dr. Márquez llamó a la casa. De nuevo, sus palabras fueron directas: "Sra. Méndez, acabo de comparar los dos eco cardiogramas de su hijo y las pruebas de *stress*. Me parece que la fracción de eyección es aún menor de lo que había calculado el Dr. Cárdenas; su condición es mucho peor. Yo veo una eyección de alrededor de veintiocho. En dos días tendremos los resultados de la prueba *gallium* y confirmaremos si esto es una situación viral; y si no lo es, tendremos que reevaluar las opciones."

Perdí la respiración y sentí un zumbido en los oídos como el pánico de la náusea, cuando la razón y la orientación se confunden.

"Mientas, Ramiro tiene que evitar cualquier actividad que lo fatigue."

La noticia era muy fuerte para absorberla toda a la vez. ¿Tendríamos que esperar dos días para saber si era un virus? Y si no, ¿entonces qué?

Tiene que ser un grave error, me decía. Fuera de tu tos, te sentías bien. ¿O no? Pensé que si rezaba mucho y me concentraba, terminaría esta pesadilla de una vez y por todas. Entonces volveríamos al béisbol, a los accesorios del carro y la música rap retumbando en tu cuarto.

Dos días después, estábamos de regreso en el despacho del Dr. Márquez; estábamos tu padre, tú y yo.

Las noticias fueron peores: "Aparentemente esto no es viral. Aunque el estudio viral completo no estará listo hasta dentro de varias semanas, sabemos que en estos momentos no es viral. Considerando que Ramiro no tiene síntomas y parece sentirse bien, pudo haber sido un virus que tuvo antes lo que le ocasionó este daño."

"¿Qué daño?" interrumpí.

"Existen varias posibilidades que expliquen la disfunción de su ventrículo izquierdo. Puede ser una condición viral o filial. ¿Alguien en su familia alguna vez ha sido diagnosticado con una condición seria del corazón?"

Le dije de la diabetes de mi padre y cómo tu abuelo paterno, Ramiro I, había muerto de enfisema y, consecuentemente, de un corazón débil. Pero el Dr. Márquez buscaba algo más.

"Les aconsejo que todos se hagan exámenes," dijo con firmeza. "Estas cosas corren en la familia. Además, cualquier historial de familia nos ayudará a clarificar lo que le sucede a Ramiro."

"Ustedes dos especialmente deben hacerse todos los exámenes posibles."

Llegó el momento que tanto había temido desde noviembre de 1979. Pensé en ese lugar lejano en Oviedo cuando te vi por primera vez. Sabía que tenía que decir algo, pero no podía divulgar la verdad, no delante de ti. Me volteé y miré a tu padre, que estaba tan blanco como su camisa almidonada. Todavía estaba perdido tratando de entender la seriedad de tu condición y no se estaba conectando a mis pensamientos. Tenía las palabras en la punta de la lengua, atascadas en la garganta. Me agarré de la silla porque la verdad estaba a punto de escapárseme.

Llegó la oportunidad cuando el doctor le pidió a su asistente que te llevara a pesarte y tomarte los signos vitales. Tu papá te acompañó.

"Doctor Márquez, mi hijo es adoptado."

Pronuncié "adoptado" como si fuera una estudiante de primaria aprendiendo una nueva palabra de vocabulario. Me parecía una palabra desconocida, como algo que nunca haya involucrado a mi familia ni a mí.

"No conozco el historial de su familia y no tengo manera de conseguirlo."

"Entiendo." El Dr. Márquez se recostó en su butaca de cuero, que parecía infinitamente más cómoda que la silla con patas de cromo en la que yo estaba sentada.

"Tiene que mantener esto confidencial. Toti no sabe nada de esto."

De nuevo, el Dr. Márquez mantuvo silencio. Sabía un mundo de cardiología, pero ciertamente no había tomado ningún curso en ética de adopción. ¿Sería esa mirada suya una de desaprobación? ¿Estaría juzgando mis decisiones?

"Muy bien. Entonces haremos pruebas adicionales y de ahí partimos," dijo secamente.

En ese momento tu papá y tú regresaron. El Dr. Márquez nos informó que nos iba a referir a otro especialista en el Jackson Memorial.

"No entiendo," dije. Mis palabras comenzaban a sonar como clichés. "Nos dijeron que usted era el mejor."

Nos explicó que él era un especialista cardiovascular, pero que tu condición requería otro tipo de especialista. Nos dio el nombre de un tercer médico, el Dr. Bayer. Cuando oí su nombre, supe quién era. Era el director del programa de trasplantes de corazón. Tu padre y tú no sabían esto. Se salvaron del golpe. El Dr. Márquez se dio cuenta de que había reconocido el nombre.

"Esto hay que tomarlo un día a la vez," dijo calmadamente el Dr. Márquez.

Nos dio una receta para Cozar, un medicamento para el corazón. En todo esto, tú estabas muy callado, como si estuvieras más preocupado por tu padre, mientras le pasabas con cariño la mano por la espalda.

Esa tarde no fuimos a Versailles. Nadie tenía hambre. Nos despedimos de tu padre, que estaba sin palabras, y nos fuimos a la casa.

✱ ✱ ✱

Esa noche fue la primera vez que la vimos. Sus plumas blancas brillaban en la oscuridad de la noche que caía. Tú y yo habíamos llegado a la casa después de ver al Dr. Márquez. Estábamos atónitos por lo que él nos había dicho, y sin saber qué decirnos entre sí. Entonces rompiste el silencio:

"¿Qué te dijo el médico que te dejó tan preocupada? ¿Voy a estar bien, no?"

"Toti, todavía no tenemos un diagnóstico. Es muy temprano para saber. Tenemos que rezar para que no sea nada serio."

Y ahí, al final del camino de entrada que terminaba en la ventana de tu cuarto, la vimos posada sobre las rosas que habíamos sembrado. Era blanca como la nieve, y sus ojos negros nos miraban directamente. Nunca había visto una paloma blanca de cerca. No se movía. Estaba en una viga entre el alero y la puerta del garaje. Cuando saliste del carro, te advertí: "¡Cuidado! No te le acerques mucho que se va a ir. La vas a asustar."

Ignoraste mi advertencia y te le acercaste a ver si algo le pasaba a la paloma. Tu altura te permitía verla casi cara a cara. Podía escucharte hablándole gentilmente.

"Ves… no se va a ninguna parte, Mami. Le gusta aquí."

"Puede que esté herida. Posiblemente tenga un ala rota o algo, y está descansando aquí hasta curarse."

"Tal vez," respondiste.

Entonces entraste a la casa para buscar un pequeño recipiente con agua.

"Tal vez tiene sed," explicaste.

Vi tu ternura cuando le pusiste el agua donde la paloma la pudiera alcanzar. Qué señal más maravillosa, pensé, una paloma blanca, el símbolo del Espíritu Santo.

Tu abuela estaba sentada con mi amiga Lidia esperando noticias de la visita al médico. Te fuiste a tu cuarto para llamar a tu novia y yo me senté con ellas. Por fin pude desahogarme y llorar. Lidia nos sirvió un té y una deliciosa sopa de pollo que había preparado anticipando la noticia de la visita al médico, y consciente de que yo iba a necesitar apoyo. Tener una amiga como ella, con su constante actitud positiva, valía un millón. Y mi madre me reconfortaba con sus palabras sabias. Le daba gracias a Dios por tenerlas a las dos ese día en la casa. Patti y Mike estaban viviendo en el apartamentito donde vivía Luis antes de que se mudara al hogar. Siempre llegaban tarde y entraban por la entrada del costado del apartamento. En la casa principal estábamos Laláa, tú y yo.

Ese día, mami tuvo la idea de que Lidia viniera a vivir con nosotros: "Lidia vive sola en su casa y tú vives sola aquí. ¿Por qué ella no alquila su casa y se muda con nosotros? Pueden dividirse los gastos, que las ayuda a las dos. Tienes dos cuartos vacíos, y ella puede montar su estudio en el bohío atrás."

Como sabes, Lidia es artista y una queridísima amiga de la infancia. Tenía la misma edad que tu tía Olga, mi hermana mayor, y estaban en la misma clase en el *Merici Academy* de las madres ursulinas en La Habana. Yo estaba en la sección primaria de esa escuela, que se llamaba el Colegio de las Ursulinas. Estuvo casada por veinte años y también se divorció. Tiene una hija que vive en Puerto Rico y un hijo que viaja mucho, igual que yo. Antes de que se mudara, estaba muy sola y pasando mucho trabajo para mantenerse. Así que consideré la sugerencia de mami, entendiendo lo mucho que mami y yo la apreciábamos. También lo vi como una gran oportunidad para que mami tuviese compañía durante el día mientras yo trabajaba, y para yo tener a alguien con quien contar. Lidia podía hacerle compañía a mami mientras pintaba en el estudio, y yo tendría a alguien que me apoyara durante todo este duro proceso.

Lo discutí contigo, y me alegró mucho que estuvieras de acuerdo y que pensaras que era una gran idea. "Tendrás buena compañía. Yo siempre me preocupo porque te quedas sola cuando yo salgo. Y me encanta Lidia. Tú sabes. Laláa tuvo una magnífica idea."

Se tomó la decisión, y unas semanas más tarde, Lidia vino a vivir con nosotros. Laláa y tú la disfrutaron de lo lindo. De ese día en adelante, compartí mis preocupaciones y mi dolor con ella – y con mami – y nunca más volví a sentirme sola.

—

veinte

¿EL ESPÍRITU SANTO?

La cita con el Dr. Bayer estaba programada para la semana siguiente. Comenzaba la temporada de béisbol en FIU, y los entrenadores estaban ansiosos por saber cuándo te unirías a la rotación de los *pitchers*. Te sentías descansado, a pesar de que todavía estabas dando tus clases de lanzamiento. Había un estudiante, Garrett, que te tenía impresionado.

"Él es el próximo Nolan Ryan," a menudo me decías, refiriéndote al lanzador del *Baseball Hall of Fame* (Salón de la Fama) que tanto admirabas.

Intentamos continuar con nuestras vidas lo más normalmente posible hasta la semana siguiente, cuando esperábamos saber cuál sería el mejor curso de acción. Nuestra visitante, la paloma blanca, aparecía todas las noches y se iba al amanecer. Ella se había adueñado de la viga sobre la ventana de tu cuarto y la hizo su residencia permanente. Comencé a buscarla todas las noches, como el signo de paz que era. Su presencia me reconfortaba.

Estábamos sentados en la sala de examen cuando llegó el

médico. El leyó tu expediente médico y te examinó. Su rostro era inexpresivo y su mirada fría. Te hizo algunas preguntas.

"Sí, doctor, mi corazón palpita mucho y salta un latido de vez en cuando".

Era la primera vez que te escuchaba decir eso.

Cuando el Dr. Bayer terminó, habló contigo, con tu padre y conmigo. Sentí un escalofrió por la espina dorsal.

"Sabemos que esto no es un virus activo. Pudo haberlo sido alguna vez y dejó daños. Voy a instalarle un monitor *halter* durante cuarenta ocho horas para ver qué está pasando, y le voy a dar un nuevo medicamento llamado Coreg para que el corazón se relaje y bombee mejor. Estoy de acuerdo con el primer médico que la fracción de eyección de Ramiro está en los treinta."

"¿Qué podemos hacer, Dr. Bayer?" le pregunté.

"El treinta por ciento de los pacientes se quedan así y no empeoran ni mejoran. Otro treinta por ciento mejoran con el tratamiento y la condición se invierte. El otro treinta por ciento empeoran y la condición deteriora al punto de que necesitan un trasplante del corazón."

Mi mente borró el último 30 por ciento, e ignoró el otro 10 por ciento que él no mencionó.

"Eso quiere decir que si toma sus medicamentos, ¿la condición es reversible?"

"Posiblemente," contestó el Dr. Bayer. "Y por ahora, tiene que abstenerse de hacer deportes o ejercicios, con la excepción de caminar. Vamos a ponerle primero el monitor *halter* por 48 horas, y después veremos."

Los ojos fríos y azules de Dr. Bayer, nunca miraron a los míos. Su desprendimiento era obvio. Pero decían que él era el mejor, y eso era lo único que me importaba.

Fuimos a el laboratorio donde ponían los monitores *halter* y ataron con correas de *velcro* una de esas máquinas en tu cuerpo. Era una caja voluminosa atada a tu cintura, con censores pegados a tu pecho y espalda. El técnico te dio instrucciones y te dijo que no te lo quitaras ni te bañaras por dos días.

Esa tarde nos fuimos a caminar. Yo quería que el monitor grabara tus latidos de corazón mientras caminabas. Esas caminatas se convirtieron en una rutina para nosotros. Empezamos a caminar juntos para aliviar la presión y confusión que nos paralizaba. Me encantaban esas caminatas en la tarde, cuando el sol se estaba escondiendo y se sentía una brisa fresca. El aire olía a rosas y gardenias y los niños terminaban sus juegos antes de entrar a cenar.

Eras tan alto que llegabas a las ramas que colgaban de los flamboyanes que alineando la calle –todavía no habían florecido de color naranja. Pelábamos las hojitas de terciopelo, tal como yo hacía de niña.

"Son tan suavecitas, Mami," me dijiste una tarde. "Cómo es posible que Dios haya creado un árbol tan bello. Cómo es posible que hayan hojitas tan pequeñitas."

Debí de haberte respondido ese día.

"De la misma manera que hizo a un ser tan maravilloso como tú."

No sé qué te contesté ese día, mi hijo. Pero te estoy contestando ahora.

Todavía camino por el mismo lugar –la calle cuarenta y nueve. Todavía no alcanzo las hojitas de los flamboyanes, pero las veo y les pregunto si se acuerdan de ti, y tu tacto al acariciarlas. A veces, cuando cierro mis ojos, te veo oliendo las ramitas. He tratado de olerlas. Testigos de nuestras caminatas, siguen desafiando al tiempo. Son bellos, sí, pero son testimonio de las injusticias de este mundo. Quizás en otro planeta, donde no hubo un Jardín del Edén, donde no hubo Adam y Eva, las vidas continúan por siempre y las madres pueden proteger a sus hijos de todo peligro. No habría pecados, ni confesiones, y no habría castigo. No existiría ni el dolor ni la pena. Si hubiéramos existido en otro lugar, otra época, u otra dimensión. ¿Estaríamos caminando lado a lado bajo la sombra de estos árboles?

Te quedaste en la casa por dos días. Ya había empezado la temporada de béisbol, pero el equipo estaba viajando. Le pedí a *coach* Price, que te dieran *red shirt*, que quiere decir que un jugador está enfermo o lesionado y no puede jugar por la temporada. Te necesitaban en la rotación de los *pitchers* y me dijo que iba a esperar hasta que te mejoraras. Te quitaste el monitor *halter* el sábado y sentiste muchísimo alivio. Enseguida te diste una ducha. Esa había sido la parte más difícil – el no poderte bañar.

El lunes llevé el monitor al laboratorio para que entraran los resultados de la grabación en la computadora. Tres días después, el técnico me llamó con malas noticias. "Temo que el monitor no grabó ninguna actividad. ¿Usted sabe si Ramiro se lo quitó? ¿O quizás se bañó o lo mojó?"

Mi respuesta a las dos preguntas fue: "No."

"Necesita regresar para volverle a poner otro."

Eso me altero grandemente, y tú tampoco estabas muy contento de tener que volverte a poner ese aparato de nuevo.

Llamé al técnico e hice una cita para que te pusieran el otro monitor *halter* ese mismo jueves, que era el día de tu próxima cita con Dr. Bayer.

Cuando fuimos al próximo turno, la conversación fue del

186

mismo tema y con el mismo pronóstico. Había que dar tiempo a que Coreg hiciera sus milagros y esperar a ver si tu condición mejoraba y tenías un cambio favorable y reversible. Mientras tanto, te tenía que tomar la presión dos o tres veces al día.

"El Coreg es muy bueno, pero tiene sus efectos secundarios. Queremos estar seguros de que sus signos vitales se mantiene estables," nos dijo Dr. Bayer.

Tu papá seguía preguntando sobre el tiempo que eso tomaría. Él sabía que te necesitaban en FIU. Nunca supe si fue insensibilidad de parte de él o que simplemente se negaba a aceptar la seriedad de la situación. Yo entendía que no quería aceptar lo brutal que era la situación y lo que implicaba esta enfermedad, pero hasta yo, que estaba también en estado de negación, sabía que esto no era una cosa ligera como un catarro, ni picada de abeja.

Pero el Dr. Bayer estaba firme.

"Ningún béisbol," nos dijo, "Que se mantenga hidratado, que no levante peso, y no haga ejercicios aeróbicos o extenuantes," "Solo caminar, y más nada."

Tú le dijiste que sí, resignándote al cambio brusco de atleta y héroe, a paciente frágil. Después de que te instalaron el nuevo monitor, nos fuimos a "Versailles" como de costumbre, a nuestro post-almuerzo. Ese fue el último día que tu papá nos acompañó a los médicos. Días después me llamó y me dijo que las cosas en su casa y su matrimonio estaban casi imposibles y que había decidido no mencionar lo de la llamada amenazante, porque había escogido la estrategia de no darle validez.

"De esta forma ella piensa que eso no es verdad. El que se lo dijo, que no fui yo, pudiera haberlo inventado. Si reacciono a eso, ella va a pensar que es verdad."

Yo no estaba de acuerdo con su estrategia y le advertí. "Si ella se atreve a decirle algo a mi hijo, estoy lista a cometer homicidio, Ramiro. No me prueben."

Me preocupaba tu papá. Al igual que mi padre, la diabetes le había causado una condición cardíaca secundaria. Había estado dos veces en el hospital, en el 1998 y el 1999, con líquido en los pulmones. La diabetes le estaba debilitando el corazón y yo sabía que estas salidas con nosotros estaban afectando su salud. La parte del matrimonio, no me interesaba. Aunque no quería estar casada con él, yo rezaba para que viviera muchos años disfrutando contigo el béisbol, viéndote casar, y celebrar el nacimiento de sus nietos algún día. Sin duda alguna, a veces, yo también lo necesitaba.

Esa tarde, nos recibió nuestra paloma, que era un remanso de paz para mi mente atormentada. Cuando era tarde y no llegaba, me entraba pánico. Necesitaba su presencia. Después de todo, yo asumía que ella había venido a cuidarte –a curarte. No había otra explicación. Yo le hablaba y le rezaba, y nunca se asustó con nuestra presencia. Lejos de tocarla, nos acercábamos a solo pulgadas de su pico y nunca salía volando. Pero nunca pude ver de dónde venía ni a dónde se iba. Algunas tardes, traté de esperar su llegada, pero ella nunca me permitió que la viera en vuelo, ni nunca me desperté lo suficientemente temprano para verla volar al amanecer.

Mis amigas Bárbara y Gisela eran las dueñas de un colegio *charter* elemental en Miami, y te ofrecieron un puesto de maestro de educación física de los niñitos de primer, segundo, y tercer grados, que podías adaptar a tu horario de clases. Aceptaste esa oportunidad y les dabas clases dos mañanas a la semana. Yo me preocupaba por tus notas, y discutíamos por eso.

"Hace rato no te veo abrir un libro," yo siempre me quejaba.

"Mami, mis notas están perfectas," me contestabas frustrado.

Me insistías que la razón por la cual no te veía estudiar, era que estabas repasando en FIU con tutores que ayudaban a los atletas con sus estudios.

"¿Cuántas veces te lo voy a explicar? Los atletas tienen esa ventaja del tutelaje, y ahora que no voy al acondicionamiento, tengo más tiempo para eso.

Yo no sabía que el promedio de tus notas era más del 3.8, y continuaba con mi preocupación. "No creo que debes aceptar este trabajo."

Yo sabía que al final, era tu decisión. Mi frustración te estaba molestando y me aparté del tema. El trabajo era enseñarle calistenia y jugar juegos recreacionales con los niños pequeños. No requería gran actividad física de tu parte, y era una gran oportunidad. Los niños y el personal eran maravillosos. Todavía tengo tu *whistle* (silbato), Toti, lo he llevado a muchos juegos.

"Esos niños gritan mucho," me dijiste una tarde después de una mañana con ellos. "Tengo que gritar para que me oigan."

"Ahora que eres un coach, necesitas un silbato, Toti."

El próximo día salí a comprarte tu silbato. Cuando a veces te visitaba y te llevaba almuerzo, te veía afuera y oía el silbido de tu silbato, llamando a los niños para que vinieran del recreo.

"Estoy impresionada, Toti," te dije un día.

"Es el silbato, Mami. Me compraste el más ruidoso que he oído. Los niños le tienen terror."

Esa escuela me trae muy buenos recuerdos. Me encanta pasar por ahí. En las tardes, como no tenías acondicionamiento, dabas tus clases de *pitching*. Tu estrella Garrett, estaba prosperando más cada día y tú estabas fascinado.

El Día de los Enamorados, te encontraste el carro lleno de globos. Eran de tu Novia, Vivian, que sabía de tu condición. Te quedabas en casa la mayoría del tiempo, viendo películas u oyendo música. No más fiestas, ni clubs, ni salir a bailar, y desde luego nada de bebida alcohólica. Lo aceptaste todo muy bien, pero un día te pregunte si era disciplina o falta de deseos.

"Las dos cosas," me dijiste. "No puedo hacer mucho ni tengo ganas de intentarlo."

Ralph, tu mejor amigo, era tu visitante diario. Él sabía que no te sentías bien, y venía a jugar juegos de video contigo. Un día decidí que le iba a decir a él, y solo a él, lo de tu enfermedad, para que te pudiera vigilar si yo no estaba. Leal y cariñoso, se convirtió en tu constante compañía y te cuidaba cuando yo no estaba. Por la noche, los dos oían música y grababan CD's en la computadora nueva. ¡Qué gran amigo era! Y qué gran amigo aún es. Siempre viene por la casa a ver como estoy. A veces, entra en tu cuarto y se recuesta en tu cama. Ahí se queda un buen rato. Ha pasado mucho en estos años. Su mamá, Mina, perdió su batalla contra el cáncer y murió poco después que tú. Pasé por el hospital a verla unos días antes de que muriera.

"Mina," le dije. "Si ves a Toti en el cielo, por favor dile cuanto lo quiero."

Ella me sonrió y le pedí que hiciéramos un pacto.

"Tu cuídame a Toti, que yo cuidaré a Ralph."

Ella era una mujer muy fuerte, esa Mina. Me contestó sonriente.

"No te preocupes Maruchi, no me pienso ir a ninguna parte. Voy a estar aquí por muchos años."

A los dos días, Mina murió.

El Día de los Enamorados, después de guardar los globos, sacaste a Vivian a comer. Es más, celebraste dos veces. La noche antes me habías pedido el uso de la cocina. Gracias a Jeannette, te habías convertido en un cocinero excelente, y ahora Vivian podía disfrutar del talento. Esa era tu manera de decirle cuan especial era. Esa noche el menú era *shrimp scampi* y compraste flores para poner en la mesa. Eras un muchacho muy especial. Hubieras sido un esposo magnifico y en ese día de San Valentín, rece por poder tenerte, y verte celebrar tu boda. Ya la pelota estaba lejos de mi mente. Solo quería verte bien de salud. Para mí, los ponches y carreras se habían convertido en trivialidades de otra era de nuestras vidas. Pero no para ti. Tú necesitabas la esperanza de volver al juego, la necesitabas igual que al aire que respirabas.

"Quédate descansando," te decía. "Ponte al día en tus estudios. Si no estás jugando, ¿por qué vas a los juegos? Eso te pone más presión."

"No estaré jugando pero soy un miembro del equipo," me contestabas. "Yo quiero estar ahí con ellos."

Llevabas el conteo y las estadísticas de los lanzadores, que era una labor muy importante. Además no te podías imaginar el perderte un juego de ellos, aunque tuvieras que sentarte en las gradas, ahí estarías.

Ya no estabas corriendo o haciendo ejercicios, pero lucias mucho más delgado, y aunque lo negaras, lucias cansado.

Dos semanas después, en la próxima visita del médico, le dije al Dr. Bayer que tus trabajos y actividades me preocupaban.

"Creo que debiera descansar más," le dije.

"No si él se siente con ganas de hacer todo eso," me contestó.

Entonces se viró a ti y te dijo:

"Puedes hacerlo mientras que descanses cuando tu cuerpo te lo pida, y no levantes peso y te mantengas bien hidratado. Mientras hagas eso, puedes llevar una vida normal."

Ese tipo de vida no te sonaba a ti muy normal. Era mucha tu efervescencia para llevar el estilo de vida que él decía.

Los resultados del segundo monitor *halter* también fueron inconclusos. El monitor solo había grabado las dos primeras horas y eso no era suficiente.

"Esto es ridículo," me protestaste, poniéndote más bravo que nunca. "¿No tienen una máquina que funcione? Cada vez que me la pongo me tengo que esconder porque no quiero que nadie me vea con eso."

Le pedimos al Dr. Bayer si podíamos esperar al final de Marzo, cuando el equipo viajara para instalarte el monitor otra vez. Él nos dijo que no había problema. Aparentemente, el Dr. Bayer no tenía urgencia por saber los resultados, y eso me dio tranquilidad –y falsa esperanza.

Lentamente, vi como esa llamita en tí se apagaba. Te sentías más deprimido cada día. A veces estabas en la cama por horas con la pelota en la mano.

"Mami, ¿yo me voy a morir?" me preguntaste una noche.

"Ni pienses en eso. Lo que pasa es que no sabemos cuándo te vas a mejorar y cuando vas a poder volver a jugar béisbol."

"Ya no me importa. Antes pensaba que no podía vivir sin jugar béisbol, pero tengo miedo, Mami. Yo no me quiero morir."

Tus palabras me cogieron de sorpresa y me asustaron. Yo no me había dado cuenta de que tú tenías tanto miedo. Siempre con tu actitud tan positiva, pensé que yo era la única que estaba tan preocupada.

"Toti, mírame." Te cogí las manos. "Mientras que yo esté

viva, nada malo te va a pasar a ti. No voy a permitir que nada malo te pase."

Me miraste a los ojos y me sonreíste un poco aliviado. Te di un abrazo bien fuerte.

"No tengas miedo," te dije. "No voy a dejar que nada te pase."

En otro momento de tu corta vida, había dicho cosas así para darte seguridad. Hoy, me torturo cuando recuerdo de la manera que te dije esas palabras. Me pregunto a mí misma como me atreví a hacerte una promesa tan ridícula y darte falsa esperanza. ¿Por qué reté al destino así? ¿Quién diablo pensé que era yo?"

Como madre, mi trabajo era proteger a mis hijos del peligro. Mi amor era tan inmenso que nada ni nadie podía hacerles daño. A pesar de eso, tus hermanos habían tenido problemas serios. Y ahora esto. Créeme, Toti. No sabía del monstruo que se acercaba. Te fallé. Te hice una promesa falsa que no pude cumplir. Por favor perdona esa ilusión efímera de creerme tan poderosa. Perdóname por no protegerte. Perdona mis incapacidades. Perdona mis errores.

* * *

Cuando Patti y Mike encontraron su primera casa, monísima y pequeña cerca de nosotros, la noticia no te gusto mucho.

"¿Por qué se mudan? preguntaste en pánico. "Tenemos una casa bien grande."

Pero había llegado la hora. Estaban apretados en el apartamento de atrás. Dondequiera que estuvieran, te aseguré que tu hermana nunca te iba a dejar de querer. Pero ahora tenía su esposo y necesitaban su propio espacio. Mi mamá y Lidia eran mis rocas, y yo estaba contenta de que Mike y Patti habían podido ahorrar para su primera casa.

Mientras tanto, la temporada de béisbol universitario estaba en su segundo mes y los entrenadores tuyos estaban impacientes. Todavía no teníamos diagnóstico alguno, y estábamos esperando que los medicamentos, ofrecieran alguna señal de mejoría. Ya te habían subido las dosis tres veces, que requería más observación. Entre los efectos secundarios estaban las palpitaciones y el cansancio. Estabas cansado la mayoría del tiempo, y Ralph me dijo que tus palpitaciones eran más frecuentes.

El día jueves, 29 de marzo, vimos a Dr. Bayer –"Cara de Piedra," como tú le decías. Yo lo había llamado dos días antes para decirle de tus palpitaciones, y nunca me llamo de vuelta. En vez, su enfermera llamó con instrucciones de reducir el Coreg.

"El cansancio y las palpitaciones es probablemente los efectos del Coreg, pero ya sabremos con el monitor *halter*."

Cuando llegamos a su oficina, le insistí sobre el monitor.

"Este es el tercero, Dr. Bayer."

"Sí, que raro que los otros no grabaron. Pero bueno, mejor tarde que nunca."

Lo dijo sin importancia, como si fuera un VCR que no había grabado su programa de televisión favorito. Me volvió a repetir que era mejor que estuvieras ocupado a que sin nada que hacer porque eso no era saludable. Nos fuimos del hospital con el bulto del monitor ya amarrado a tu cintura, y tu pecho lleno de gelatina y electrodos.

"Cuando todo esto se acabe, más nunca voy a regresar aquí," te prometiste.

Yo me sentía de la misma manera. Este hospital lo único

que nos había traído era malas noticias. El mundo nuestro había cambiado del día a la noche. El Jackson Memorial Hospital, representaba la pesadilla. Yo también quería salir volando y nunca más volver ahí. A pesar de todo eso nos las arreglamos para hacer chistes y reírnos, mientras caminamos por la entrada llena de árboles, a buscar el carro en el estacionamiento. El tráfico de la tarde estaba imposible. Extrañaba a tu papá a esta hora. Extrañaba su presencia silente. Yo sabía que tú también y te sentías dolido. Ya no ibas a su casa y eso disgustaba mucho a tu papá. Esa separación de ustedes me entristecía. Él me había llamado unos días atrás, enfurecido porque no le devolvías las llamadas.

"Lo único que hace es llamar," te me quejaste. "¿Porque no viene a verme? Yo soy el que está enfermo y paso noche tras noche en la casa. He estado esperando a que venga a visitarme. Aquí algo anda mal."

Tenías razón, Toti, pero me dolía verlos a los dos sufriendo. Dos personas que se querían tanto, y estaban dejando que el orgullo los separara. Tu papá no iba a dejar que su matrimonio fuera una pelea constante con una mujer celosa, así que había optado por el camino más fácil. Pero te quería entrañablemente, y pensó que tenía tiempo para arreglarlo todo.

Tu papá no estaba ahí cuando llegamos, pero estaba otra visita –tu fiel paloma. Su presencia ya era el comentario del vecindario, y también mi consuelo constante.

"Rézale, Toti. Dale las gracias por estar aquí. Ese es el Espíritu Santo que ha venido a cuidarte. Vino a curarte y protegerte."

"¿Tú crees Mami?"

"Si lo creo. Ve y mírala a los ojos, que vino a cuidarte."

De nuevo estaba haciéndote promesas.

Esa noche, fuimos a caminar y cuando regresamos, estaba

tu medio hermano, Amado, y su esposa Mercy, con su hijo, Ammer. Ammer se había convertido en una muchachito muy bueno. Era lanzador, como tú, y siempre había tratado de seguir tus pasos, convirtiéndose no tan solo en un buen jugador de béisbol, sino en un muchacho excelente. Estaba lanzando para Monsignor Pace High School, pero estaba teniendo problemas con el control de la pelota. Ustedes se pusieron a hablar del juego, y le sugeriste que viniera el Domingo, después que te quitaran el monitor, para así poderlo ayudar con su mecánica de lanzar. Como siempre, Ammer, mi nieto, como él me dice con orgullo, se sintió muy alagado de que lo ibas a ayudar, y te aseguró que venía el domingo.

"Vengan a almorzar," les dije. "Así nos reunimos y almorzamos juntos."

Mercy, que quiero muchísimo enseguida se ofreció a traer comida. Patti y Mike tenían el cierre de su casa nueva al próximo día, viernes, y todos estábamos de acuerdo que el domingo era muy buen día para reunirnos y celebrar la ocasión.

Cuando ellos se fueron, fuimos al hospital a ver a Laláa. Ella estaba en el hospital hacia unos días, por su padecimiento de infecciones urinarias. A cada rato las tenía y había que hospitalizarla. Esta vez le teníamos una sorpresa esperando para cuando saliera del hospital. Le habíamos puesto alfombras nuevas, y le estábamos pintando el cuarto de azul Wedgwood, que a ella le encantaba.

"Laláa, si ves tus paredes. Mami las ha pintado de negro con florecitas," le decías para mortificarla y a la misma vez hacerla reír. "Te quiero mucho Laláa, vuelve pronto antes de que Mami me vuelva loco. Por lo menos tú la entretienes un poco."

Como tu equipo no estaba, tenías el fin de semana libre. El

viernes fuiste al cine con tu novia Vivian a ver *"Romeo Must Die"*. Yo me quede en casa con Lidia, Patti y Mike. Cenamos juntos y conversamos mucho. Patti y Mike estaban emocionados con la compra de su casa, y la entrega de las llaves, e hicimos planes para irla a ver al próximo día. Yo ya la había visto pero te la quería enseñar a ti, Toti. Cuanto ella te quería y se preocupaba por ti.

Esa noche llegaste, oí tus llaves, pusiste la alarma, y como siempre hacías, viniste a mi habitación a decirme buenas noches. ¿Te dije alguna vez cuan especial era para mí cuando venias por la noche? Cuando yo tenía doce años me quedaba despierta llena de miedos. Mi papá lavaba platos en un restaurante y mi mamá estaba en Cuba todavía. Mis hermanas y yo, estábamos solas hasta que mi papá llegaba, casi siempre entre las 2:00 y 3:00 a.m. Mis hermanas se podían dormir, pero yo me quedaba despierta esperando por los sonidos que lo traían: el motor del carro, seguido por el ruido de las llaves pegándole a la puerta de madera cuando abría, y finalmente, la música de sus pisadas ya dentro de la casa. Nunca supe si mi papá sabía que yo estaba despierta. Entonces, iba al refrigerador a poner las sobras que había traído para nosotras. Después venia el sonido de su cinturón *swish* cuando se lo quitaba ya en su cuarto al lado del nuestro, seguido del sonido de los zapatos ya vacíos cayendo al piso, un zapato, y después el otro. Después oía la caída del pantalón al piso. Finalmente, suspiraba y en cuestión de segundos ya podía oír sus ronquidos. Los ronquidos de mi papá eran como una canción de cuna para mí. Solo entonces me podía quedar dormida.

Tu llegada a la casa en la noche, me traía el alivio que ofrece el saber que tu hijo está de regreso en la casa, sano y salvo, y que todo está bien. El sonido de tus llaves, abriendo la puerta, la caída de tu estuche de CD's, que bajabas todas las noches del carro y dejabas en la mesa de comer, las llaves que ponías encima del estuche.

Abrías despacio la puerta de mi habitación.

"¿Mami, estás despierta?"

Te insistía que entraras y te sentabas al borde de mi cama a contarme que habías hecho y como te sentías. A veces hablábamos un rato y entonces nos besábamos, y con un abrazo, y nos decíamos las buenas noches.

Esa noche en particular me dijiste sobre la película y hablaste mucho de tu relación con Vivian. Hablamos un rato y nos abrazamos.

"Gracias, Mami," me dijiste. "Gracias por siempre esperar por mí, antes no me gustaba pero ahora en verdad te lo agradezco."

Entonces te fuiste a tu cuarto, pero me habías dejado otro regalo.

El sábado por la mañana, fuimos a ver a Laláa al hospital. A las 3:00 p.m. ya hacían las 48 horas del monitor y te lo podías quitar. A esa hora, te ayudé a quitártelo, y tú gritaste de alegría como un niño. "¡Ya! ¡Se acabó! ¡Esta es la última vez!" me dijiste dándome un abrazo de *oso*.

Te metiste en la ducha rápido porque tenías que darle una clase a Garrett.

"Acuérdate que vamos a ver la casa nueva de Patti esta tarde," te dije.

Habías ya hecho los planes de reunirte con ella en su casa a las 4:00 p.m., así que te fuiste en tu Infiniti sonriendo, con el radio a todo lo que daba, diciéndome adiós y tirando besos.

★ ★ ★

"OK Pat, Pat," como la llamabas cariñosamente. "Me encanta tu casa, pero dime, ¿cuál es mi habitación?"

Ya anticipando esa pregunta, tu querida hermana había comprado un sofá-cama para ti.

"Este, Toti." "Este es tu cuarto." Patti dijo señalando para la más pequeña de las dos habitaciones. La casa no era grande, dos habitaciones y un baño, pero estaba preciosa. Me recordaba de nuestra primera casa cuando llegamos a Miami. Te parecías al gigante *Jolly Green Giant* parado en la puerta, y todos nos reímos de que no podían venir invitados de tu tamaño.

"Las personas como tu son las que hacen que mi casa luzca pequeña," jaraneó Patti.

¡Qué día tan lindo! Era el primero de abril, *April Fools Day* como decimos "Día del Inocente" pero esto no era ningún chiste. Mi hija había encontrado su casa. Sus sueños ya eran realidad, y tu presencia ahí con nosotros era otro regalo.

Unos amigos me habían invitado a comer en su casa esa noche. Patti y Mike se iban a quedar contigo. Ralph, tu compañero constante se había ido de fin de semana a Los Cayos, y Vivian iba a salir con unas amigas. Pero me fui tranquila de que no te quedabas solo, y les ordené comida italiana a todos.

"No te preocupes Mami, Mike se queda de niñero," te burlabas de manera cómica como siempre hacías.

Cuando regresé esa noche ya estabas dormido. Fui a tu cama y te besé. Abriste los ojos.

"Nos divertimos muchísimo," dijiste medio dormido. "Grabamos CD's de música y cantamos karaoke toda la noche. ¿Cómo la pasaste tú, Mami?"

"Bien, pero te extrañé. ¿Cómo te sientes?"

"Estoy bien. La comida estaba muy buena, y le grabe a Mike un CD especial. Llámame mañana cuando llegue Ammer."

"Está bien,' contesté "Buenas noches, Toti."

"Buenas noches, Mami."

Buenas noches, mi hijo, mi querido Príncipe. Me quedé esa noche un momento más en tu cuarto, un momento al que quisiera regresar. Esta es la noche en la que todas nuestras buenas noches se unieron en un solo coro formidable, uno que nos duraría para siempre. Esta buenas noches es la "buenas noches" que nos tiene que durar una eternidad. ¿Cuántas repeticiones me quedan?

Duerme bien, mi Príncipe.

veintiuno

—

CUANDO CAE UN GUERRERO

"¡Toti, despiértate!" Era tu hermana llamándote del pasillo. "Ammer está aquí."

Entré a tu cuarto y Patti me llevó a un lado. Estaba preocupada.

"Parece que está cansado," susurró.

Nos fuimos del cuarto para dejarte dormir un rato más.

El domingo, 2 de abril de 2000 comenzó con una gloriosa mañana de primavera. No hacía mucho calor, sólo lo suficiente. Mercy, Amado y Ammer habían llegado poco después del mediodía con una torre de bandejas de comida como para alimentar un batallón, o al menos un equipo de pelota. Ernesto, el hermano de Lidia, había llegado una hora antes y estaba preparando Bloody Marys, su especialidad.

Tener a Mercy en la casa hacía que cualquier día fuera especial. Nos entretenía con uno de sus chistes comiquísimos, cuando entraste en la cocina casi dormido.

"Buenos días a todos," dijiste.

"Será buenas tardes," te corrigió Ernesto con una sonrisa, para luego seguir con la conversación.

Todo el mundo estaba hablando a la vez, a lo cubano. Pero cuando te vi a ti y a Ammer salir a jugar baloncesto, me separé del grupo y te seguí por varios pasos. Estaba preocupada por ti.

"Cógelo suave, Toti," te advertí.

Regresaste unos mutuos después, luciendo cansado, sediento y bastante pálido.

"¿Qué hay para tomar?" preguntaste.

"Pero ni siquiera has desayunado. Te voy a hacer un sándwich en lo que preparamos el almuerzo."

Preparé dos sándwiches, uno para ti y otro para Ammer. Mercy tenía su cámara de vídeo prendida y lista para grabar. Poco después de terminar tu sándwich, saliste a comenzar tu lección con Ammer.

Yo estaba frente al fregadero, mirando por la ventana de la cocina al agua azul de la piscina. Más allá de la piscina, había una zona amplia de hierba que llegaba hasta la cancha de tenis. Y más allá de la cancha, había más hierba. Ésa era mi vista todas las mañanas, un paisaje que me parecía muy relajante y armonioso. Afuera, justo debajo de la ventana, había dos macetas sembradas de albahaca y orégano.

Podía ver a Ammer haciendo su calentamiento en la cancha y tirándote la pelota. Bajé la mirada para regar las violetas africanas que mi hermana Marta me había regalado y que había puesto al pie de la ventana. Entonces escuché los gritos de Mercy. Deben estar bromeando, pensé, pero los gritos eran cada vez más fuertes y decían mi nombre.

"¡Maruchi!"

"¡MARUCHI!"

Cuando salí, los gritos seguían aumentando.

"¡Toti!" escuché la voz de Mercy gritar. "¡Toti!"

Te vi tirado boca abajo en la cancha de baloncesto, pero no podía llegar a ti – mis piernas no me respondían. No podía correr.

"Se dislocó de nuevo la rodilla," me decía, mientras iba acercándome.

Patti y su hermano Amado me siguieron, pero corrieron tan rápido que llegaron a ti antes que yo.

Me arrodillé a tu lado y te sacudí el brazo. No hubo respuesta.

"¿Qué te pasa, Toti? ¡Contéstame!"

Patti y yo tratamos de virarte, pero no pudimos. Tu cuerpo atlético permanecía ahí, aparentemente sin vida. Finalmente, Amado y Ammer te viraron boca arriba, y me di cuenta. Tus ojos color miel y casi verdes, estaban oscuros. No brillaban. Te mire a los ojos y no vi nada. En tu mano todavía estaba el guante de béisbol que mantenías apretado contra tu pecho. La pelota estaba a tu lado, cerca de tu mano derecha. Te miré de nuevo a los ojos, y ya sabía que tu espíritu había abandonado tu cuerpo. Te imploré: "!No, Toti, no!"

Tal vez se desmayó, trataba de convencerme. Pero sabía que no era así.

"¡Regresa!" grité. "¡No hagas esto!"

Lidia y Ernesto ya habían llamado al 911 y trajeron el teléfono portátil a la cancha. Patti habló con el despachador. Amado te apretaba el pecho. Patti y yo te apretábamos las manos. Yo temblaba tanto como tiemblo ahora cuando revivo esos momentos que cambiaron mi vida para siempre, los momentos cuando trataba impotentemente de hacerte regresar. Esos momentos aún continúan, hijo mío. Nunca dejaré de intentarlo. En lo que fuera en otras circunstancias una hermosa tarde de abril, caí de rodillas en el pavimento y miré hacia arriba, golpeándome el corazón en una desesperada ofrenda a los cielos.

"Dios, por favor, llévame a mí, no a él. Te lo ruego, mi Dios. Estoy lista. Llévame."

Pero no hubo respuesta.

"Toti, te quiero," te decía acariciándote la cara. "Regresa, por favor. Voy a tratar de hacerlo todo mejor, te lo prometo."

¿Me oías? ¿Escuchabas mis gritos?

La ambulancia de rescate llegó a la 1:15 p.m.

"¿Cuánto tiempo lleva así?" preguntó un paramédico.

"Una eternidad," susurré.

"Diez minutos," dijo alguien.

Vi cómo trataron de revivir tu cuerpo sin vida. Trajeron máquinas y jeringuillas. Les suplique y les rogué, pero me mantenían alejada.

En el frente de la casa, montaron tu cuerpo en la ambulancia y subí contigo. Partías para siempre de tu casa.

¿Viste las rosas cuando salías? ¿Pudiste ver los flamboyanes? Se vistieron de anaranjado ese día.

La sirena retumbaba en mis oídos camino al hospital. Detrás de mí, podía oírte respirar. ¡Estabas respirando! Imagino que dije eso en voz alta porque uno de los paramédicos en seguida me quitó mi ilusión.

"La máquina está respirando por él," dijo.

No podía ser. ¿Dónde estabas? ¿A dónde habías ido?

Agarré el teléfono de cortesía en el pasillo de la sala de emergencia y llamé a tu padre.

"¡Ramiro!" No reconocí el grito que salió de mi garganta. "Ramiro, me dicen que Toti está muerto pero estaba respirando en el camión de rescate."

Entre mi tartamudeo, podía escuchar la voz de ella preguntando quién estaba llamando.

"Maruchi, estás hablando como los locos. ¿Qué pasa? ¿Dónde estás?"

Alguien me agarró el teléfono. No sé quién, pero podía escucharle dándole a tu papá el nombre del hospital.

"Me temo que es verdad, Sr. Méndez. En el South Miami Hospital."

¿Verdad? ¿Qué era verdad? La pesadilla, sólo la pesadilla.

Regresé al cuarto donde estabas. Ya estaban desconectándote las máquinas.

"No, por favor, no se den por vencidos," les rogué.

"Lo sentimos, pero ya han pasado más de cuarenta minutos. Creo que es hora que lo deje ir."

"¿Dejarlo ir? ¿Qué me están diciendo?"

Minutos más tarde, tu padre entró por las puertas dobles. Su esposa le seguía unos pasos atrás. La embestí como una fiera.

"¡Lárgate de aquí!" le grité. "¿Cómo te atreves a acercarte a mi hijo? ¡Lárgate!"

Ramiro me pasó por el lado sin decir una palabra y temblando. Ella se quedó afuera, dio la media vuelta, y las puertas automáticas se cerraron mientras se alejaba. En el cuarto de trauma, encontré a tu padre sollozando a tu lado. No decía una palabra. Sólo sollozaba.

"Por favor, Ramiro, él es joven y fuerte. ¡Diles que hagan algo!"

Cuando cae un Guerrero valiente, ¿cómo puede uno empezar a razonarlo? Nada de lo que hicimos en la casa o en el hospital nos acercaba a la repuesta de esa pregunta. Ahí estabas, acostado en una camilla fría.

"Por favor, háganlo regresar, aunque sea por un minuto," le rogaba al médico. "Necesito despedirme."

La locura se apoderó de mí cuando enfrenté tu muerte. Esa finalidad no se puede comprender; es la prueba máxima de que somos impotentes ante Dios. Todos mis pecados marcharon ante mis ojos. Gritaba y rogaba, negociando y haciendo concesiones. Sólo necesitaba un segundo más contigo. No estaba lista. Todavía no. Y tú tampoco estabas listo.

"Dios mío, por favor, llévate mi vida cuando acabe de verlo, pero dame un minuto más con mi hijo."

No hubo respuesta.

Se regó la voz, y cuando salimos del hospital, la sala de emergencia y los estacionamientos estaban llenos de gente, todos habían venido por ti: familiares, amigos, conocidos, los nuevos y los de siempre. Me acordé de Ralph, tu mejor amigo. Curiosamente él, que siempre estaba a tu lado, ese fin de semana estaba fuera.

Tu padre, tu tía Olga, Lidia y yo terminamos de hacer los arreglos del funeral en la Funeraria Rivero en Bird Road.

Y cuando llegué a casa, la encontré de nuevo.

Era de noche, y estaba posada ahí, sin moverse cerca de tu ventana. El demonio blanco disfrazado del Espíritu Santo.

Las calles que llegaban hasta la casa estaban llenas de carros. Todos estaban parados frente a la casa y me abrieron paso. Las plumas blancas del pájaro resplandecían en la noche, y me llené de ira. Empecé a gritarle a la paloma. "¡Vete de esta casa!"

Me le acerqué a la paloma y me miró directamente a los ojos. Mis gritos no parecían molestarle. Me quité un zapato y se lo tiré. No se movió. Busque piedras entre la hierba en la oscuridad.

Mi primo, el padre Víctor, me entró a la casa.

Salí a la cancha de tenis. Las luces de seguridad alumbraban el lugar donde habías caído. Tu guante de béisbol y la pelota que habías estado tirando con Ammer todavía estaban en la cancha. Eran los últimos artículos que habías tocado. Metí mi mano en tu guante y abracé el último aroma a ti. En la hierba al lado de la cancha, encontré lo que los paramédicos habían dejado, evidencia de sus esfuerzos desesperados. Jeringuillas, pomos vacíos, y guantes desechables tirados en la hierba donde habían trabajado contigo, con el monitor del corazón y desfibrilador. ¿Cómo pudo haber sucedido aquí, en este punto, en el lugar donde reías y jugabas, en este pedacito de América donde celebraste tus cumpleaños y tantos momentos preciosos de tu vida? Los trazos de tu última batalla por la vida estaban en el mismo lugar donde pusimos el tanque de remojo para tu octavo cumpleaños.

Agarré tu guante apretándolo sobre mi corazón y me acosté en el lugar donde habías caído.

—

veintidós

COMIENZA MI BÚSQUEDA

Te vestí con tu uniforme preferido de rayas finas, que tenía bordado tu número 23. Los carros no cabían en el parqueo de la funeraria. Muchos caminaron varias cuadras para verte. Las estaciones de televisión y los periódicos locales, rindieron homenaje a un atleta y ciudadano muy querido. Vinieron aquí Toti, a tu cuarto, a capturar tu esencia. Tus trofeos y medallas se vieron en las noticias de esa noche. Tus compañeros y tus *coaches* hablaron de tu perdida. Ralph puso tu canción, la que le pediste que pusiera si tú murieras. La de Tupac *"Smile for Me"*

¿Cómo lo sabías, Toti?

Cuando bajaron tu cuerpo a la tierra, soltamos al cielo docenas de globos para que te buscaran. ¿Los viste, Toti?

Esa mañana te dije adiós a ti: mi hijo, mi amor, mi compañero, mi Príncipe, mi héroe, mi amigo del alma. Adiós a la alegría de vivir. El carrusel me había llevado en la vuelta más fatal de todas. Me sentía rehén del tiempo y el mundo se detuvo. ¿Era esto un castigo, o simplemente una equivocación horrible? En honor a ti y a todo lo que tú significabas, yo necesitaba encontrar la razón y el propósito de todo esto.

✳ ✳ ✳

Patti y yo viajamos a *Cape Cod* el verano después de tu muerte. Se suponía que hubieras jugado para los *Bourne Braves* en el *"Cape Cod Summer League del 2000,"* pero nunca llegaste. Ese era tu sueño. Por ser una Liga Amateur que atraía a la prensa y *scouts*, tu participación te hubiera asegurado mucha publicidad a nivel nacional.

El comisionado de la liga me había invitado a lanzar la primera bola del juego de apertura en tu honor. Me puse con mucho orgullo tu uniforme de los *Braves* con el número 23. Nos alojaron en un hospedaje local muy pintoresco. Cuanto te hubiera gustado ese lugar.

"No estamos aquí para él," me dijo Patti el día que tire el primer lanzamiento. "Él está aquí con nosotros, Mami. ¿No lo sientes?"

El viento se aceleró en ese momento y jugó con la arcilla, al igual que lo hace inexplicablemente en el terreno de FIU. Tommy, tu *catcher* de FIU, me contó como juegas con él y haces trucos con el viento cuando él va al bate.

Un año después que la vida se detuvo, viaje a España. Había algo que llevaba esperando años para hacer. Necesitaba encontrar a tu mamá. Necesitaba encontrar a la bebita que estaba en la cesta al lado tuyo. Necesitaba más de tí. Y la mejor manera de encontrarte, yo pensé, seria encontrándolas a ellas. Desde que te fuiste, sentí la necesidad de mirar a los ojos de tu madre y contarle de ti. La casa de las rosas en la colina, nunca había abandonado mis pensamientos. Este era el lugar que te dio la vida, y en él pensaba encontrar la verdad de ese bebé en la cesta. ¿Sería en verdad tu gemela?

Había viajado a España con la esperanza de ver algo que se pareciera o fuera parte de tí. Levé conmigo varios álbumes con fotos de tu vida. Lo empaqueté muy cuidadosamente junto con todo las cosas que me habían dado tanto orgullo: tu álbum de bebito, fotos de la escuela, premios escolares y deportivos, recortes de la prensa. Seguro, pensé, ella estaría desesperada por saber de ti, y la mejor forma era enseñarle esta retrospectiva de tu vida.

Por años me imaginé el momento que me enfrentara cara a cara con tu madre. Yo no sabía qué le iba a decir, pero mi esperanza era que ella hubiera estado buscándote, y que nunca te había olvidado. Le diría lo buen hijo y ser humano que habías sido, y sufriríamos tu ausencia juntas. Quizás ella tenía información reveladora de la causa de tu enfermedad. ¿Tendría ella, o tu papá algún defecto cardíaco? También quería encontrar a tu hermana y llegar a conocerla. Tal vez eso les aliviaría la perdida de tantos años sin ti. Ese era mi sueño, yo había albergado esas esperanzas todos estos años sin que nadie lo supiera. Pero solo una persona podía ayudarme. El Dr. Aguilera. Primero, necesitaba encontrarlo.

A la misma vez temía que tu madre me rechazara o negara tu existencia. Yo solo quería mirarla a los ojos. Quizás ahí encontraría un reflejo tuyo. Quizás ahí podía verte otra vez. Si solo ella me diera esa oportunidad. Si no, tal vez podía encontrar a tu padre y mirarlo a los ojos. ¿Sería él quien tenía los ojos tristes color a miel? La anticipación me daba fuerzas y mi propósito me alimentaba.

Tu primo, Chichi, y Lidia me acompañaron. Llegamos a

Madrid y al día siguiente fuimos a ver los olivos. Era alrededor de la tercera semana de Marzo 2001, el principio de la primavera, pero nada florecía todavía. Nada podía florecer – tu no estabas ahí. Era un día gris, y nublado, y la plaza estaba más vacía que otras veces. Caminé entre los árboles y vi los mismos olivos que tú habías tocado años antes. Estaban más altos pero podía alcanzar las ramas más bajas. Cogí unos olivos de las ramas y me di cuenta cuan secos estaban. Uno por uno los arranqué. Todos secos. Los puse en el fondo de mi cartera como había hecho muchos años antes cuando estaban verdes. Parada ahí me pareció oír tu risa. Era un niño que llevaba a una niñita de la mano. Me acordé de ti y Olgui. Necesitaba visitar la casa de las rosas.

Llegamos a Oviedo y su eterna lluvia. Las calles estaban resbaladizas por las lluvias, y el taxi entró despacio al Hotel de la Reconquista. El hotel parecía más pequeño de lo que yo recordaba, y la ciudad estaba más triste y opaca. Me entró una tristeza que dolía. La Santina me va a ayudar a encontrarla, pensé. Por la tarde dimos un paseo en taxi y vi el Hotel Ramiro I. Recordé mi deseo de que algún día hubiera un Ramiro III.

Esa tarde, mientras Lidia y Chichi descansaban, me fui caminando al café que estaba en la esquina, me senté en una mesita, y pedí un chocolate caliente. La lluvia había parado, pero todavía estaba nublado. Mis manos temblaban pero el líquido tibio me calmó. Me sentí cansada y me arrepentí de no haberme quedado en el hotel descansando y recuperando mis fuerzas.

Me puse a contemplar las personas que pasaban. Eran hombres y mujeres asturianos. Vi a un jovencito que se parecía a ti. ¿Le preguntaba si alguna mujer en su familia había dado un hijo a adopción? ¿Y si le preguntaba si alguien de su familia había estudiado en la Universidad de Oviedo o si tenía parientes que jugaran jai alai? Se fue antes que decidiera.

Vi varias mujeres sentadas tomando té o chocolate y trate de imaginarme la historia de sus vidas. Había dos que me llamaron la atención. Una hablaba alto, manoteaba y jugaba con su pelo rubio. Su nerviosismo me irritaba. Seguro vuelve loca a sus hijos, pensé. La otra la oía en silencio con las manos en su regazo. Llevaba su pelo negro y grueso amarrado en un moño con una bufanda de colores. Me lucia conocida. Tenía unos de esos ojos grandes y penetrantes, y trataba de sonreír con la conversación mientras que bajaba la mirada hacia la taza. ¿Por qué lucia tan triste? me pregunté. ¿Será que perdió a un ser querido? ¿O quizás su matrimonio andaba mal?

Un anciano leía el periódico. Me parecía conocido. ¿Será el Dr. Aguilera? ¿Qué edad él ya tendría? Lo miré otra vez. No tan viejo como él, concluí. Pero lo seguí mirando. ¿Que estaba tomando, cerveza –o seria sidra? Y me acordé del día cuando tomamos la primera sidra espumosa que servían a la luz de sol. Yo había tomado una foto de ese sol. Yo había probado esa cidra dulce. Esos eran días llenos de esperanza –la esperanza de tu llegada. ¿Por qué este lugar –Oviedo? ¿Qué cosa es ese nombre, y que significa? De todos los lugares del mundo tuve que venir a esta ciudad. Quizás esta ciudad maldice y castiga a los que se llevan uno de sus hijos. O quizás todo era un sueño...Ahí estaba yo sentada y todo el mundo había desaparecido. ¿A dónde se fueron?

El ruido de las sillas y las gotas de lluvia en mi cara me despertaron. Me había quedado dormida en el café mientras que la lluvia había comenzado de nuevo. El chocolate estaba aguado. El camarero me miraba a través del cristal. Pensarían que estaba loca. Pero entonces me volteé y vi a la mujer de la bufanda con los ojos tristes. También se estaba mojando. Nos miramos. Ahora lucía más joven. Nos sonreímos mutuamente y las dos cogimos las tazas y las alzamos a la vez chocolate caliente aguado y lo que ella estuviera tomando. Entonces ella se levantó y se fue. Surrealista, pensé. ¿Eso que fue? ¿Un saludo, una despedida o un brindis? ¿Habíamos brindado cada una por la otra? Dos almas perdidas brindando bajo la lluvia. Quizás pertenecíamos a una hermandad de mujeres tristes y solas que se sientan en los cafés medios vacíos. Lloré caminando al hotel. O quizás era la lluvia.

En los próximos días busque a la mujer en el café, pero nunca más la vi. La gente se pierde en Oviedo, pensé. No es tan pequeña como yo pensaba.

"Ya no está ahí la clínica de maternidad."

El taxista parecía estar seguro de lo que decía.

Lo único que hay en la Avenida del Cristo es un a casa para ancianos convalecientes.

"Por favor...llévenos," le dije. Llovía y ya estaba oscureciendo. Si encontrara el lugar, solo tenía que preguntar si sabían dónde estaba el Dr. Aguilera. El chofer doblo a la calle que bordeaba el valle. Era la misma calle que vivía en mis sueños. Los parabrisas sonaban en el cristal, arañándolo, y el taxista dobló, aminorando la velocidad. Reconocí la calle.

"Esta es la calle," le dije señalando "Tercera casa a la izquierda."

A primera vista no reconocí la casa.

"Esta no es la casa," le dije.

Esta era mucho más grande de lo que yo recordaba, y no tenía rosas ni flores. No era blanca. Tenía un color gris y la entrada ahora era un lote de parqueo. El terreno, o falta de él, estaba todo equivocado. Era difícil pensar que era la misma casa de las rosas.

"Bueno, señora, esta es la casa de ancianos que le dije," dijo el taxista.

"Yo me bajo a preguntar por el doctor" contestó mi sobrino.

Volvió empapado pero con una sonrisa.

"Dicen que él trabaja aquí pero que esta fuera de la ciudad y que volverá en un par de días."

Me entregó un papel con el número de teléfono del lugar.

"No te preocupes mi tía, lo vamos a encontrar," me dijo.

Mi queridísimo sobrino, siempre alentándome, siempre a mi lado.

"Gracias *Chiich*" como yo pronuncio su apodo. "He esperado veinte años, así que un par de días mas no me va a detener."

Cenamos esa noche en silencio, en el restaurante del hotel. Lidia trató de animar la mesa hablando de arte. Chichi la secundaba y me hacían preguntas las cuales no contesté. No me sentía bien. Todavía no. Necesitaba estar cara a cara con el Dr. Aguilera. Solo él tenía la llave de tu pasado, Toti. Solo él tenía las respuestas a mis preguntas. Esperaría lo necesario hasta que el volviera. Chichi y Lidia me aseguraron que no tenían apuro y me dieron su apoyo incondicional, como siempre. Solo era cuestión de tiempo hasta que yo pudiera ver a tu madre biológica. Este viaje no sería en vano. Este viaje era para completar tu vida.

La próxima mañana, llamé a la casa de ancianos preguntando por el Dr. Aguilera.

"No sabemos cuándo vuelve. Está en Madrid." Era un miércoles.

"¿Regresará antes del fin de semana?" pregunté.

"No sé," me contestó.

Decidimos ir a ver a La Santina y contratamos un chofer por el día. Hicimos el viaje a la gruta y atravesamos las carreteras estrechas debajo de una lluvia ligera. Cuando llegamos a nuestro destino en la cima, la lluvia había parado. Buen omen, pensé. Las cosas están mejorando.

La cara tan conocida me miraba mientras me arrodillaba a encenderle una vela. La gruta de La Santina estaba más vacía que nunca. ¿Dónde están los fieles? ¿Estarán bravos como yo? ¿Habrá perdido la Santina sus poderes?

"Madre de Dios, por favor ayúdame a cerrar este círculo" le recé.

Lidia y Chichi rezaban cerca cuando yo me paré.

"Fue difícil para mí esta vez," le dije a Lidia. "Fue difícil porque ya no tengo fe."

Pasamos el resto del día caminando sin rumbo. En solo unos días, el 2 de Abril, sería el primer aniversario de tu muerte. Visitando tu tierra, la que te vio nacer, estaba reviviendo los últimos días de tu corta vida. Estaba reviviendo el dolor. Aquí en un lugar de esta ciudad tuya, se encontraba la mujer que te había traído al mundo. Ahora yo quería llorar con ella. Yo quería que ella llorara conmigo. Yo quería que ella compartiera mi pena.

Llegó el jueves y el viernes y todavía la misma respuesta.

"El Dr. Aguilera no se encuentra."

Cuando colgaba el teléfono, me acostaba a dormir. Me negaba a pensar que teníamos que estar aquí un fin de semana más sin respuesta. Miraba a tus fotos y te pedía ayuda. Mi corazón estaba igual que los olivos en mi cartera – seco y arrugado.

Pasamos el fin de semana deprimidos. El sol se atrevió a brillar para alegrar la ciudad, pero por mí, hubiera podido estar lloviendo. Yo necesitaba volver a Miami para tu misa de aniversario el 2 de Abril. Llevábamos una semana en España y todavía no habíamos hecho contacto. Caminaba mirando a los muchachos jóvenes y tratando de encontrar algún parecido contigo. Quizás tu hermana era la muchacha que trabajaba en el banco, o la muchacha que llevaba el queso envuelto la otra tarde. Quizás la rubia que leía el periódico en el lobby del hotel era tu madre.

El próximo lunes, llamé a preguntar por el Dr. Aguilera de nuevo. Lidia llamó, Chichi llamó. Tal parecía que ya conocían nuestras voces. El martes le dije a Chichi y Lidia que me iba a aparecer en persona. Había algo raro en la manera que contestaban el teléfono, y los quería ver en persona.

Chichi me acompaño a la clínica y Lidia se fue de compras. Cuando nos bajamos del taxi, mis piernas temblaban. El sol me daba en la cara mientras que tocaba el timbre. Llevaba tus álbumes en mi maletín, y el corazón en mi garganta.

"Quiero ver al Dr. Aguilera."

Quise que mis palabras sonaran seguras e intimidantes. Ella tartamudeó y abrió la puerta, confundida de lo que debía de hacer.

"Un momento," dijo y se fue a buscar ayuda.

Vinieron dos enfermeras más.

"Está ocupado," dijo una.

"No está aquí," dijo la otra más nerviosa.

"Bueno, obviamente está aquí, así que por favor dígale que vamos a esperar hasta que se desocupe. ¿Dónde nos podemos sentar?"

Nos llevaron a una salita de espera. Yo no entendía lo que

estaba pasando. ¿Por qué mentían? Yo iba a sentarme ahí todo el tiempo necesario hasta averiguar la verdad.

Después de una hora, nos llevaron al mismo despacho que yo conocía. Me senté en frente de un escritorio de madera que se parecía al de él. Los gabinetes a la izquierda de la habitación ya no estaban y ahora había armarios con puertas y llavines. La vista del valle detrás de la ventana ahora estaba bloqueada por una pared de concreto, y la oficina se sentía más cargada de cosas de lo que yo recordaba. La puerta se abrió detrás de nosotros y traté de componerme lo más posible.

"Buenos días," dijo su voz detrás de mí.

No reconocí su voz. Ni siquiera reconocí al hombre, y solo cuando lo mire a los ojos realicé que estaba frente al Dr. Aguilera. Su peso y altura habían cambiado drásticamente. Lucía delgado y frágil, y no robusto y saludable como yo lo recordaba.

"¿Dr. Aguilera? pregunté.

Murmuró un "sí" y preguntó mi nombre.

Le di mi nombre y le dije la razón por la cual estaba ahí.

"Necesito buscar a su madre," le dije. "También, quiero saber si tuvo una hermana gemela. Había una bebita a su lado en la guardería ese día idéntica a él –tan idéntica que los confundí. Por favor, Dr. Aguilera ayúdeme a encontrarlos."

Entonces oí las palabras que cambiaron todo.

"Yo no sé de qué usted está hablando, ni sé quién es usted."

Yo no comprendía.

"Claro que sí. Usted es el Dr. Aguilera. En el 1979, mi esposo y yo nos sentamos aquí mismo y usted nos enseñó las fotos de los bebes en Méjico que usted había ayudado a adoptar. Nosotros vinimos a buscar a nuestro hijo aquí."

Con cada palabra mía, él se agitaba más.

"Lo que usted dice no es cierto, y si lo repite fuera de esta habitación, lo negaré."

"¿Y porque hiciera usted eso?" le pregunté. "Mi hijo está muerto y necesito encontrar a su madre."

"Váyase de aquí, señora, y no vuelva. No sé de lo que usted habla. Deje a su hijo descansar en paz. Soy un hombre enfermo y no tengo tiempo para perderlo en esta tontería."

Él se paró, pero yo estaba en estado de shock y no me podía mover.

"Doctor, por favor, dígame algo de su madre. Necesito encontrarla. Usted tiene que tener algún record de la adopción."

"Señora, no tengo idea de que usted está hablando, y nunca ha habido tal adopción. Le sugiero que deje este asunto. Lo que paso años atrás, debe de enterrarlo y borrarlo de su mente. Esto no va a lograr nada."

Abrió la puerta detrás de nosotros.

"Ahora usted se tiene que ir, o la mando a sacar."

"Por favor, doctor…" mis palabras siguieron sus pisadas. Pero él se desapareció en los pasillos, y la enfermera nos llevó a la puerta de entrada. La abrió y nos dijo. "Adiós"

Esa noche, llame a tu papá en Miami. Llorando. Le dije lo que había ocurrido. Entonces él me recordó de algo que se me había olvidado.

"Los papeles que nos dio el Dr. Aguilera, estaban en el maletín que se robaron."

Tenía razón. Cuando vivíamos en la Avenida Palermo, alguien entro a robar a la casa. Tú tenías como tres años. En ese maletín estaban escondidos todos tus papeles de "adopción" y fue una de las cosas personales que se habían robado. No habían papeles para probar que el Dr. Aguilera nos había dado un bebe. No había prueba alguna.

Al próximo día me fui a ver a un abogado en Oviedo. Las noticias no eran buenas.

"Él tiene que enseñarle los papeles, sin esos papeles no hay nada. Es como si nunca hubiese sucedido." me dijo el abogado.

"Él me dijo que era un documento de adopción privado," le aclaré.

"Eso no existe en España," me dijo. "Esto es una cosa muy seria. Si lo que usted me dice es verdad, él está asustado. Quizás no hizo bien las cosas. Si ese es el caso, le recomiendo que deje las cosas así, porque pudiera ser peligroso. Hay leyes en este país."

Al próximo día fui a las oficinas del registro de nacimiento. El abogado me sugirió que fuera a buscar los papeles porque quizás no estabas ni registrado. Esperé pacientemente hasta que encontraron tu certificado de nacimiento, Toti. ¡Qué alivio sentí! Era legal y en blanco y negro. Era tu partida de nacimiento nombrándome a mí y tu papá como tus padres. El nombre de tu madre biológica no aparecía en ningún lado. Investigué un poco y me dijeron que en caso de adopciones, nunca aparecía el nombre de la madre biológica.

Regresamos a la oficina del abogado ese mismo día. Él nos dijo que había indagado y no pudo encontrar ningún registro de tu adopción. "Parece que bajo los ojos de la ley, usted y su esposo son los padres legales del niño. Esas son buenas noticias porque no hay quien argumente lo contrario."

Nos preparó un documento que mandó a un juez. En ese documento, el juez reafirmó nuestra paternidad. Había un tratado internacional que le daba el poder a un juez de reafirmar el estatus y anular cualquier duda. Pero ni mención de una adopción.

Eso no era lo que yo quería. Yo necesitaba encontrar la

verdad. Fui a dos abogados más y me decían lo mismo. La ventana de oportunidad se estaba cerrando Tenía que tomar una decisión si quería estar presente en la misa del primer aniversario de tu muerte. Todo estaba planeado y me sentía dividida. Necesitaba volver para estar cerca de ti.

Me fui de España con un documento legal que decía que en ese día de Marzo, el Juez tal y tal, reafirmó que tu papá y yo éramos tus padres bajo la ley Española. Pero me fui con el corazón partido, como está todavía hoy. Los detalles de tu adopción siguen siendo un misterio. ¿Cómo te entregó tu mamá? ¿Cuáles fueron las circunstancias? No tengo manera de llegar a ella. La respuesta del porqué de tu muerte no me la puede revelar. La hermana que está perdida no la puedo encontrar. Y mi esperanza de encontrar una extensión de ti ha desaparecido.

Nos fuimos de España justo a tiempo para tu misa. Ya hacía un año que te habías ido. Durante ese tiempo, yo trataba de imaginarme que estabas de viaje en un torneo de pelota con tu equipo. Cuando me sentía desesperada, pretendía que estabas "viajando". Mi terapeuta y querida amiga, La Dra. Mercedes Llenin, me había explicado sobre las "etapas de luto" o etapas de dolor. Según los libros, yo todavía estaba en la primera: negación.

El pastor de la iglesia, Father Kuwala, nos dejó usar "El Jardín de las Meditaciones" para tu misa esa noche. Era un jardín precioso lleno de paz, que solo lo usaban los alumnos de esa escuela. Pero hizo una excepción y preparamos una misa bella celebrando tu vida, oficiada por mi querido primo, el Padre Víctor. Toda la familia y tus amigos, atendieron. El equipo entero de FIU, incluyendo los entrenadores, también fueron. Se vistieron con trajes y corbatas en tu honor. La asistencia a la misa fue el doble de lo que esperábamos, tanto así, que hubo que mandar a traer más sillas al último momento. El altar en el jardín estaba erigido sobre unos pedestales de *limestone* (piedra caliza). A cada lado del altar, había una vela alta encendida. Todo el jardín, pasillos, y entradas a las filas de sillas, estaban iluminados con antorchas gigantes. Un teclado electrónico que sonaba como órgano tocaba, acompañando a la misma voz tan bella que cantó en tu misa de funeral. Todos lloramos cuando cantó el Ave María.

Para celebrar tu vida, escogí varios de tus amigos para que llevaran las ofrendas al altar. Esas ofrendas eran artículos que simbolizaban las distintas etapas de tu vida. Chichi tu primo, fue el primero, llevando al altar a La Virgen de Covadonga, La Santina, que representaba tu tierra natal de Asturias y tu herencia Española; Olgui tu prima, llevó la Cruz de Jesús, la misma que tenías al lado de tu cama, y que representaba tu amor a Dios; Tommy tu *cátcher* de FIU, ofreció tu guante de béisbol y tu uniforme, representando tu pasión por ese deporte; Ralph, tu querido amigo, ofreció un CD de Tupac Shakur y un libro de poesía, representando tu amor a la música y tu talento de escritor; y finalmente, Vivian, tu novia, ofreció un corazón pequeño hecho en satín rojo, simbolizando todo el amor que le diste a tu familia, y el amor que le tenías a la vida.

Era una bella noche de estrellas con una brisa suave. El olor a jazmín nos invadía los sentidos mientras que las palmas se mecían con el aire. Repartimos unos rosarios pequeños, hechos por la mamá de uno de tus compañeros, y unos marcadores de libros que imprimí con tu foto y una poesía que te escribí.

"Estamos aquí para celebrar la vida de Toti," dijo mi primo Víctor emocionado.

Cuando la misa terminó, nadie se quería ir. Todos sentíamos tu presencia tan latente. Yo no me podía levantar, aferrándome a ese momento. Me consolaban mientras lloraba. Yo había fluctuado entre las distintas etapas de dolor recayendo una y otra vez. Pero esa noche, cruce el umbral que me permitió enfrentar mi realidad.

Tú no ibas a regresar.

veintitrés

—

TU ESENCIA

Mucho ha pasado desde tu partida, Toti. Pero en todo está tu presencia. A veces, cuando me siento fuerte, voy al estadio *Panther Stadium* en FIU, a ver a tu equipo jugar. Durante dos años, tu equipo llevó el número #23 bordado en la manga izquierda de sus uniformes en luto y como tributo a ti. Todavía me siento en mí mismo lugar detrás del *home plate* (plato) y dejo que el olor a piel y tierra húmeda invadan mis sentidos.

A veces, he sentido una brisa repentina en el medio del juego, que acaricia mi cara. Viene un aire repentino en medio de la noche tibia típica de Miami, y he visto como levanta la arcilla alrededor del plato. Entonces miro al cielo y sonrío. Te sonrío a ti. Yo, por siempre buscaré una señal de ti.

Después del juego, cuando todos se han ido, bajo al *bullpen* al lado del *dugout*, y me paro delante del monumento conmemorativo que tiene una placa con tu busto y que está erigida en tu memoria. Tus entrenadores Danny Price y Mark

Calvi, querían honrarte y me dejaron hacer ese pequeño monumento. Ellos querían que cada pelotero que pisara ese campo, supiera quién había sido Toti. Tu cara, grabada en bronce no se te parece mucho, pero las palabras escritas debajo rinden el homenaje supremo a la persona que tú eras. Esas palabras fueron escritas por tus compañeros del equipo. Cada uno escribió lo que tú significabas para él.

En la tarde que desvelamos este monumento, tu papá y yo estuvimos ahí juntos de nuevo, llorando.

Ahí en ese rincón del mundo, entre los sonidos de *cleats* deslizándose en la arcilla y la música del ping de los bates, estas palabras están grabadas para siempre.

> *RAMIRO "TOTI" MENDEZ*
> *11-3-1979 #23 4-2-2000*
> *This bullpen is dedicated to you, TOTI*
> *The lessons you taught us will live in our hearts forever.*
> *Your compassion and sense of humor*
> *only complemented your tenacity and competitive spirit.*
> *It was with such dignity and humility in which you lived*
> *   your life,*
> *that showed us the true meaning of courage.*
> *You never gave up.*
> *Your heart will always beat through the players who take*
> *   this field.*
> *Your spirit will always shine on this special place.*
> *"Play each game as if it was your last one"*
>
> RAMIRO "TOTI" MENDEZ
> 11-3-1979 #23 4-2-2000
> Este bullpen está dedicado a tí TOTI

Las lecciones que nos enseñaste vivirán en nuestros
corazones por siempre.
Tu compasión y sentido del humor complementaban tu
valentía
Y espíritu de competencia.
La humildad y dignidad con la que viviste tu vida, nos
enseño
el verdadero significado del valor.
Nunca te dejaste vencer.
Tu corazón latirá a través de cada pelotero que pise este
campo.
Tu espíritu siempre brillará en este lugar tan especial.
"Juega cada partido como si fuera tu último"

Nuestra casa, tu casa que tanto amabas, no ha cambiado casi nada. En el 2002 vendí el terreno de atrás que daba a Ludlam Road. Los dueños nuevos demolieron la cancha de tenis y fabricaron una casona de dos pisos que me bloquea el sol al atardecer. Ya no hay más atardeceres a través de la ventana de la cocina, ni iluminando el agua de la piscina. Tampoco hay rizas ni ruidos de alegría. También se fue la paloma blanca. Dos días después de que te enterramos, ella se fue y nunca volvió. En el sitio que los paramédicos trataron de revivirte, puse un pequeño montículo de *pitcher*. Mike me ayudo a hacerlo, después de que recogí todas las jeringuillas y gasas que ellos dejaron. Muy cerca, sembré rosas nuevas.

Laláa, nuestra querida Laláa, murió diez meses después que tú. Fue increíble con la fe que aceptó tu muerte. Fue fuerte hasta su último momento. Fue la mujer más sabia que he conocido. Murió a los noventa y dos años de fallo renal. Estábamos todos ahí con ella – sus tres hijas y todos sus nietos –

cogiéndole la mano y rezando a su lado. Todos menos tú, mi querido Toti. Yo le pedí que te buscara en el cielo y te cuidara.

En Octubre del mismo año que tú te fuiste, mude a Luis de nuevo a su apartamento detrás de la casa. Estaba desesperada y quería tenerlo cerca de mí. Pero mi decisión casi le cuesta la vida. Cinco días después de que había regresado, mi querido Luis trato de quitarse la vida de nuevo. Tuve que correr con él a la sala de emergencia, y sé que fuiste tú quien me lo regresaste. Ya se ha mudado de nuevo. Su siquiatra tiene razón – el necesita la atención y estructura que yo no le puedo dar. Alex, mi querido Alex, sigue buscando su camino. Un día me dijo que tú eras su inspiración. Algún día, acertará. Algún día, sabrá cuanto lo quiero.

El matrimonio de tu papá se acabó diez meses después de tu entierro. No sé si ella se siente culpable de lo que me trató de hacer. Pero si sé que tu papá nunca la perdonó. Un día, la boté del cementerio, cuando acompañaba a tu padre a llevarte flores. Tu papá se quedó callado y me dejó hacerlo. Siempre lo respetaré por eso. Poco después de su divorcio conoció a una buena mujer llamada Toula, se enamoró de nuevo, y yo me alegré mucho. Después de todo lo que él había sufrido, necesitaba encontrar alguna paz.

La última vez que lo vi almorzamos juntos en *Versalles*. Fue en el 2002. Ese día, le dije que tenía que estar en paz porque había sido un padre maravilloso, pero no encontraba consuelo en mis palabras.

Dos meses después, Toti, y muy apropiadamente el día de Navidad, tu padre murió en medio de la noche. El eterno Santa Claus que él era, será siempre recordado en el día de dar regalos. Tu tía Virginia me llamó en medio de la noche para darme la noticia. Tu padre siempre fue un hombre fuerte, pero su corazón no le daba más. Tu primer *coach*, tu Papi, lo enterramos a tu lado. Ya nunca estará solo en este mundo ni en el otro – ni tu tampoco.

La noticia que me da más felicidad me trajo esperanza de un futuro, ese el regalo – o milagro – que le mandaste a Patti. Después de tratar de quedar embarazada durante siete años, desde su matrimonio en 1996, llegó el milagro. ¡Gemelas! Al principio no lo podíamos creer. Gemelas niñas. Eras como si me quisieras mandar un mensaje: ¡olvídate del béisbol ya! Era como si tú supieras del dolor que sentía cuando miraba un campo de pelota. No solo le mandaste una Patti, sino que me mandaste una a mí. No sabemos cuál es de ella y cuál es mía porque no las podemos diferenciar.

¿Podría esto haber sido la afirmación de que tú también fuiste gemelo?

Patricia y Angela nacieron prematuramente, en Junio 4, 2003. Estuvieron en cuidados intensivos por varios días, pero yo no estaba muy preocupada. Yo sabía que tenían a su Ángel cuidándolas.

En el *baby shower* de tu hermana, repartí un Angelito de oro y plata a cada persona que atendió. Todos pensaban que el Angelito representaba el bebé que venía. En ese caso hubiera habido dos. Pero eras tú, Toti, el Angelito representaba a ti. Tú estabas ahí con nosotros y siempre has estado para asegurarte de que nada malo les pase. A veces Angie me recuerda tu alegría de vivir y tu buen carácter. Al igual que tú, su expresión parece decir "Y que más viene ahora." Es un cascabel. Entonces veo en los ojos de Patricia tu carácter y determinación y me pregunto si no le estas susurrando al oído. Sus ojos miran al mundo con asombro. Menos bulliciosa que su hermana, Angie, Patricia te conquista con la mirada. Las dos son muy talentosas y al igual que mis hermanas y yo en Cuba, están aprendiendo a tocar el piano.

De vez en cuando, cuando les seco sus lágrimas, les dijo bajito al oído para calmarlas: *"Toti loves you."*

Ellas siempre sabrán cuanto su tío las quiere. Su habitación está al lado de mi oficina, donde había sido el tuyo. Lidia les pinto un bello árbol de flor de cerezo, *cherry blossom*, en unas de las esquinas mirando a las camitas. Las ramas y las hojas siguen por la pared casi hasta el techo. Fue una labor de amor de ella para las niñas. Espero que se conserve para siempre. Cuando ellas se quedan a dormir, me siento en su habitación bajo las estrellas como las tuyas. Les canto y les hago los mismos cuentos que a ti. Cuando es hora de darles las buenas noches, mi voz tiembla. Mi mente me lleva a ese lugar y esa noche donde quiero volver – la última noche cuando me despedí de tí. No he de cometer los mismos errores. En sus ojos veo una vida entera. Es su vida, su promesa, y su momento.

Tu cuarto guarda tu esencia, mi hijo querido. Tu ropa esta donde la dejaste. Tus afiches de Don Mattingly y Tupac Shakur siguen en la pared. Rendiste homenaje a lo invisible y encontrabas inspiración en una frase. Guardaste servilletas, tarjetas de felicitación, pétalos de rosas. Honraste causas perdidas y escribías bellas poesías en secreto.

En esas paredes he encontrado algo que no tiene nada que ver con el deporte que jugaste: el tesoro de tu mente y tu corazón. Y nunca lo dejare ir.

En una esquina, mande a poner unos estantes de cristal alumbrado con tus trofeos favoritos de Jugador Más Valioso. Los de Méjico, República Dominicana, La Serie Mundial de Babe Ruth, El Boys Club of América, y los de Westminster. Tu predilecto: El Jugador del Año de Miami-Dade, tiene un sitio especial. En una esquina, está la caja de *Cheerios* con la foto de tus *Westminster Warriors* atrás, en ese año glorioso de ustedes. Catorce años de éxito y victorias. La mayoría de nosotros vivimos una vida larga, completa, sin logro ninguno.

Sentada aquí, veo los uniformes con tu número 23, tus bates, y tus guantes alineados entre tus setenta y cuatro trofeos. Le paso la mano a los bates, y me parece sentir tus manos llenas de callos. Siento tus dedos largos tropezando con la punta de los guantes de piel. Tus guantes de bateo, envolviendo y agarrando el bate con la presión necesaria para darle poder.

Leo los recortes del periódico y veo tus fotos de *high school*. Virando las páginas recuerdo como te molestaba que te hiciera posar para tomar las fotos. Tu naturaleza era humilde y no te gustaba mi alardeo. El álbum verde de Westminster está en tu cuarto, donde mismo lo dejaste, esperando a que yo le de vida. Tus fotos con tu número 23 es a veces el único empujón que necesito para enfrentar el día. Ese número – tu #23 – se ha convertido en un número mágico en las vidas de todos los que te quieren. Yo lo uso con orgullo alrededor de mi cuello. Hay un Fondo de Dotación de Becas en FIU que se llama: *The Toti Mendez "23" Scholarship Endowment Fund*. Garret, tu alumno estrella, uso el #23 en su uniforme durante muchos años. Se ganó una beca para una escuela secundaria buenísima en Miami y está en camino a ser una "estrella", como tú predecías.

Manejé tu carro por mucho tiempo, con la chapa que lee: "TOTI23", oyendo tus CDs, el que grabaste para Mike la noche antes de que te fuiste con tus canciones favoritas. Después de siete años, tu amigo Geoffrey lo vino a buscar, y se lo llevo en tren a Maryland donde todavía lo maneja. Ahora tengo la chapa "TOTI23" en mi carro y oigo tu música. Bach y Streisand, Feliciano y Gloria están silentes. Oigo tu música y lo que tú escuchabas, leo lo que tú estuvieras leyendo y trato de descifrar los mensajes. Por supuesto, ya encontré uno. Lo encontré en tu *high school yearbook* (libro anuario) de Westminster. Los miembros de la clase de *seniors*, que se graduaban, pusieron debajo de sus fotos unas palabras por las cuales querían ser recordados.

Debajo de Ramiro "Toti" Mendez, escribiste esto:

There is going to be some stuff you're going to hear that's gonna make it
hard to smile in the future. But whatever you see, through all the rain and
the pain, you gotta keep your sense of humor, you gotta smile through
all the adversity.

(Habrá algunas cosas que verás
Que se te hará difícil sonreír en el futuro
Pero aunque veas eso a través de la lluvia y el dolor
Tienes que mantener tu sentido de humor y sonreír
ante toda la adversidad.)

Te referías a Tupac Shakur.

Hay un campo que visito frecuentemente, donde muchos van a llorar y traen flores, un lugar donde los albergues no tienen paredes, donde la edad, la raza y religión no tienen distinción. Aquí tus amigos te han dejado flores, cartas, pelotas de juego firmadas, y sus guantes y mascotas después de un juego. La plancha de granito lee así:

Ramiro "Toti" Méndez
Noviembre 3, 1979 – Abril 2, 2000
"Siempre serás nuestro Príncipe y Nuestra Estrella.
Nunca te olvidaremos."
"Smile For Me"

Mirando hacia tras, nos diste muchas señales de que tu tiempo aquí se estaba acabando. Sin saber porque saboreabas cada minuto que vivías. Tu amor a la vida estaba latente en la manera que lanzabas una pelota, en la manera que sacabas un pez del agua, en la manera que cantabas una canción que te gustaba, en la manera que te comías un helado de pistacho, en la manera que montabas tu *Wave Runner*, en la manera que nos besabas, en la manera que me dabas abrazos de *oso*, en la manera que eras tú, mi hijo, solo tú.

Nunca te llevé a Roma a ver al Papa. Nunca te llevé a Nueva York a ver el Yankee Stadium como querías. Yo no sabía...

Un día después que tú te fuiste, tu querido *coach* y amigo, Mark Calvi me dijo algo muy sabio. "Es mejor haberlo conocido y sufrir este dolor, que no haberlo conocido nunca."

Yo sé que eso es verdad. No cambiaria esos veinte años contigo, por todas las riquezas y tesoros del mundo. El mundo era mejor contigo en él, y ahora es mejor gracias a ti. Tu jornada nos inspiró y nos dejó un legado para siempre. Cada día trato de encontrar el humor en las pequeñas inconveniencias de la vida. En tu nombre acojo el compromiso y el sacrificio, mientras que valoro la amistad y no traiciono el amor. En tu nombre, me perdono mis debilidades y aligero mis penas.

A veces tengo pesadillas. Hay una en la que me llevan caballos con alas y palomas con cascos. Me siento impotente. No sé dónde me llevan. Las palomas aletean y sé que me están alejando de ti. Me despierto llorando.

En otras noches, sueño con un bello palacio rodeado de rosas exquisitas. Hay una habitación con una cama de canapé. Yo sé que eres tú, esperándome para decirnos las buenas noches. Trato de llegar a ti pero mis piernas no se mueven. Al fin llego arrastrándome y arañando un piso que es de tierra, pero cuando logro llegar a la cama, no hay nadie, está vacía.

Me siento perdida muchas veces. Acompañada solo de culpa y remordimiento. Pero pienso, mi hijo querido, que ahora que has leído mi carta quizás me perdones.

Solo una vez he podido ver tu cara en mis sueños. Estabas esperándome en el estadio de béisbol de FIU *Panther Stadium*, parado en el último escalón que lleva a las gradas. Tenías tus manos en los bolsillos y te mecías como mismo siempre hacías. Al principio tu cara estaba en sombras, pero cuando me acerqué, pude ver tus ojos tristes color miel debajo de tus cejas tupidas. Tu dulce sonrisa llena de bondad, me desvió de tus ojos. Era la misma sonrisa alegre y juguetona que asomaba esos dientes tan blancos y que todo el mundo amaba, esa sonrisa que me hacía olvidar tus ojos tristes. Entonces caminaste hacia mí con tus brazos extendidos. Me diste mi regalo más grande, mi Príncipe. Me abrazaste, como siempre hacías, con el abrazo de *oso*. Sentí tu calor, y una felicidad tan inmensa que me recosté en tu pecho y empecé a llorar lágrimas de felicidad. Cuando terminamos de abrazarnos te pregunté qué porque te habías ido.

"Estaba cansado Mami. Estaba cansado y necesitaba descansar."

Entonces, bajaste a unirte a tus compañeros del equipo y te desapareciste en el terreno.

EPÍLOGO

Años después, sigo buscando respuestas. ¿Dónde le habíamos fallado a Toti? Me di cuenta de que su padecimiento del corazón había pasado por desapercibido por muchos años. Y, aunque dio un rendimiento máximo como lanzador, lo habíamos estado empujando a correr más duro, cuando simplemente no podía. Durante todo ese tiempo estaba enfermo. ¿Como no lo sabíamos?

Las asociaciones escolares de deportes universitarios y de escuela secundaria, califican y clasifican a los jugadores y su rendimiento basados en velocidad, resistencia y fuerza – cuan duro pueden tirar – cual alto pueden brincar. Los prueban en habilidades defensivas y ofensivas. El promedio de notas escolares son seguidas y reportadas. Muchos ojos están fijados en estos atletas clasificados, siguiéndoles en cada detalle. Eso es lo que parece. Pero ¿quién monitorea la salud de ellos? ¿Quién se asegura de que la maquinaria por dentro esté funcionando bien?

Un examen rutinario hubiera detectado el defecto de mi hijo. Pero el costo de examinar a cada atleta es prohibitivo. Dicen que las estadísticas de muerte causada por defectos cardíacos, no es la suficiente para justificar ese gasto. Pero según el CDC, o Centro para el Control de Enfermedades en Atlanta, más de 100,000 mujeres y hombres jóvenes, mueren cada año de enfermedades cardíacas, incluyendo cardiomiopatía, debido a su participación en algún deporte. Eso es el doble de los que mueren en accidentes de automóviles. Sin embargo, en comparación a otras enfermedades graves, las investigaciones (*research*) de cardiomiopatía infantil y juvenil, continúan careciendo de fondos para seguir adelante. No importa que la pérdida del potencial de años de vida de un niño con enfermedad cardíaca, sea siete veces más que la de un adulto. La tasa de mortalidad de niños y adolescentes con cardiomiopatía es más alta que la de cáncer infantil. El número de niños en América diagnosticados con cardiomiopatía, es tres veces más alto que los diagnosticados con SIDA infantil. Sin embargo, los fondos federales alocados para investigar la cardiomiopatía infantil y adolescente, es solo una fracción – menos de un 3% – que la cantidad que gastan para esas otras enfermedades.

Las investigaciones reportan que la mayoría de esos jóvenes adultos diagnosticados con condiciones cardíacas, son atletas o juegan algún deporte. Las universidades, con excepción de muy pocas, le restan importancia a el riesgo que toman los atletas. En los últimos años los titulares de la prensa traen a la luz la poca importancia que le dan a este serio problema. Además de la muerte de mi hijo, han habido muchos más atletas que has caído víctimas de enfermedades cardíacas. Entre ellos, está la estrella de los *Celtics*, Reggie Lewis, la estrella de Basketball de la Universidad de Loyola, Hank Gathers, el patinador olympico Sergei Grinkov, el nadador de la Universidad de Massachusetts Greg Menton, la estrella de Football de Monsignor Pace High School Bryan Bell, y uno de los últimos, la estrella de Basketball de Michigan High School Wes Leonard, que murió después de anotar tres puntos. Años después de la muerte de mi hijo y cientos de muertes de jóvenes atletas después, el ACC, (Colegio Estadounidense de Cardiología), sigue ignorando el aumento de muertes anuales entre atletas. Después de todo ¿Cuánto vale una vida? ¿Cuál es el número de muertes que justificaría este gasto de exámenes cardiológico? Si el padecimiento de Toti se hubiera diagnosticado unos años antes, el quizás estuviera hoy aquí. Me pregunto una y otra vez. ¿Cuánto vale una vida?

Armada con la convicción de que la vida y muerte de Toti nos había dejado un mensaje, y que su muerte no iba a ser en vano, me di a la tarea de ponerme en contacto con nuestros Representates Estatales y del Condado de Miami Dade. Con la ayuda de nuestra gran Congresista, Ileana Ros-Lehtinen, me reuní con varios Representantes Estatales y miembros de la delegación del congreso, y hablé frente a la Delegación Legislativa del Condado Miami-Dade. También conocí a los Senadores Villalobos, Garcia, Díaz de la Portilla y Silver del Estado de la Florida. Mi meta era pasar una ley que requiriera pruebas obligatorias a los atletas universitarios y de escuela secundaria, de cardiología extensa y echo cardiogramas, obligándolos a aumentar el nivel de los exámenes físicos. El Senador Ron Silver presentó la ley, la cual fue aprobada por el Senado, pero murió en la Cámara de Representantes. La ley necesita ser aprobada en las dos Cámaras y desafortunadamente, no tuvo suficientes votos.

Pero nuestra campaña generó cierto interés y ofreció más conocimiento del tema, algunas Universidades y Escuelas Secundarias hoy en día implementan estándares más altos de exámenes físicos como el electrocardiograma (ECG) de doce electrodos, en vez de seis como parte del examen. Pero esto

siempre debe de ser seguido con un ecocardiograma, que es lo
más costoso. La solución no para ahí, en el nivel de los exámenes físicos. Se necesitan más fondos para investigar la cardiomiopatía, y los entrenadores y familiares de los atletas
deben de estar mejor informados. Necesito una respuesta a mi
pregunta.

También, ha habido muchas bendiciones.

Un fondo de beca llamado "The Toti Mendez "23" Scholarship Endowment Fund, para atletas de FIU afligidos con alguna enfermedad que los incapacita, fue establecida con la
ayuda y generosidad de mi primo, Jose Suquet, Axa Advisors,
Danny Price, y FIU y muchos más contribuyentes. Recauda-
mos más de $60,000.00 en un almuerzo honrando la vida de
Toti. Más de 300 personas atendieron, entre ellos la tercera
base de los Marlins, Mike Lowell y el gran Tony Perez, que
acababa de ser instalado al *Baseball Hall of Fame*. Peloteros
como Derek Jeter, Alex Rodriguez, y Jorge Posada y muchos
más, donaron regalos para una subasta deportiva que ayudo a
la recaudación. Ese día, el 19 de Octubre, 2000, fue declarado
oficialmente en la ciudad de Miami y en condado de Dade,
como tu día: *"The Toti Mendez Student-Athlete Medical Test-
ing Awareness Day."* (El Día de Alerta para los Exámenes Médicos de Estudiantes-Atletas en Honor de Toti Mendez.

Entre los premios entregados ese día, hubo uno que yo creé
en honor de Toti. El Premio de Valentía Toti Mendez que le es
entregado todos los años a un atleta que demuestra valor al
enfrentar grandes adversidades. Ese primer premio de valor, se
lo di a un atleta de FIU que era el mismo que Toti había estado mencionando y me pedía que rezara por él.

"Él es fantástico, Mami, muy buena gente. Ha luchado contra el cáncer y ahora vuelve a jugar," me había dicho.

Ese muchacho tan valiente era Mike Lowell, que había jugado para FIU y estaba con los Florida Marlins. Qué razón tenía Toti. Tres años después de la muerte de Toti, Mike se convirtió en un campeón. Regresó a los Marlins, ayudándoles a ganar su segunda Serie Mundial en contra de los Yankees. Los uniformes de Mike Lowell, #15 y el de Toti, #23 están retirados de FIU. Nunca más podrán ser usados por otro jugador.

En ese almuerzo, había una pantalla grande en una esquina del salón que enseñaba una presentación de fotos de la vida de Toti al sonido de *One Sweet Day* de Mariah Carey, como música de fondo.

Hemos formado una fundación para mantener viva la memoria de Toti y también la de su compañero Juanchi, del equipo de Westminster. Se llama JunTos que viene de las primeras letras de los dos nombres. **Juanchi and Toti's**. Desempeñamos una gran labor en la comunidad, ayudando a los pacientes y familiares que confrontan las múltiples necesidades que conllevan los diagnósticos de cáncer y enfermedades cardíacas. También contribuimos a estudios e investigaciones de estas enfermedades.

Los compañeros de Toti, Mike y Javy, vinieron a verme con la idea de formar JunTos. Desde entonces, me conmueve la generosidad y cariño de no solo los amigos y entrenadores de Toti, sino de la comunidad entera. Nuestra meta es ayudar a pagar los tratamientos y cualquier otra necesidad que les surge durante este largo proceso. Contribuimos anualmente a la fundación de *research* del Jackson Memorial, y somos *Golden Angels*, (Angeles de Oro).

JunTos es una organización muy vibrante y envuelta en las necesidades de nuestra comunidad. Está encabezada por los amigos de Toti que son jóvenes profesionales. Ellos prometieron nunca olvidarlo y trabajan incansablemente para cumplir esa promesa. La valentía de Toti y Juanchi es la fuerza motivadora, y todos los años tenemos una gran fiesta para recaudar fondos, que yo he bautizado como "la fiesta de Toti". En su fiesta, oigo todos los años nuevas historias de él, y de las vidas que tocó durante su corta estancia en esta tierra. Me envuelve su presencia y me siento tan orgullosa de él que quisiera gritar.

Este año al lado del *dugout* en Westminster, revelamos en honor a Toti y Juanchi, una bella estatua de bronce que mide diecisiete pies. Fue una pieza comisionada por un gran escultor, Rafael Consuegra. Tiene dos bates cruzados y dos gorras de béisbol con los números #9 y #23.

También hay un torneo anual de béisbol en Westminster llamado *The Mendez/de la Rua Baseball Tournament.*

El papá de Juanchi y yo lanzamos la primera pelota del juego para abrir el campeonato. El primer día, me paré en el montículo del *pitcher.* Entonces agarre un puñado de arcilla húmeda y la puse en mi bolsillo después de lanzar la bola. Era la primera vez que me había parado en su montículo. Después de lanzar la pelota, amoldé la arcilla húmeda y formé una pelotita del tamaño de una de golf. Esta aquí, en el escritorio de Toti, donde yo escribo.

Maruchi Mendez